Curso de español de los negocios

En equipo.es 1

Olga Juan Lázaro
Marisa de Prada Segovia
Ana Zaragoza Andreu

NIVEL ELEMENTAL: A1/A2

Edi
numen

© Editorial Edinumen
© Olga Juan, Marisa de Prada y Ana Zaragoza

ISBN: 978-84-89756-59-5
Depósito Legal: M-4319-2017   Reimpresión 2019
Impreso en España
Printed in Spain

Coordinación editorial:
Mar Menéndez y María José Gelabert

Diseño y maquetación:
Susana Fernández y Juanjo López

Ilustraciones:
Gustavo Sáinz

Fotografías:
Fernando Ramos Jr. y archivo Edinumen

Impresión:
Prodigitalk. Martorell. Barcelona

Documentos, fotografías y agradecimientos:
Editorial Edinumen agradece a todas las personas y entidades que han aportado alguno de los elementos gráficos que ilustran esta obra, y de manera especial la colaboración prestada por: Team Chatedral, S.A., AC Hoteles, Bodegas Osborne, Perfumerías Ana, Farggi, Porcelanas Lladró, Chupa chups, El Caballo, Alberto Ramos, Maribel Valdemoro y Cruz Fisac.

Instituto Cervantes

Este método se ha realizado de acuerdo con el Plan Curricular del Instituto Cervantes, en virtud del Convenio suscrito el 3 de agosto de 2001

La marca del Instituto Cervantes y su logotipo son propiedad exclusiva del Instituto Cervantes

Editorial Edinumen
José Celestino Mutis, 4. 28028 - Madrid
Teléfono: 91 308 51 42
Fax: 91 319 93 09
e-mail: edinumen@edinumen.es
www.edinumen.es

Introducción

En equipo.es
Curso de español de los negocios

En equipo.es es un método dirigido a todos aquellos profesionales que deseen profundizar en sus conocimientos de español centrando su atención en el ámbito específico de los negocios.

Se divide en tres niveles, **En equipo.es 1**, **nivel elemental**, dirigido a estudiantes que desde el primer momento deseen aprender español de los negocios; **En equipo.es 2**, **nivel intermedio**, que es el volumen que nos ocupa; y **En equipo.es 3**, **nivel avanzado**.

El **elemental** del curso **En equipo.es** corresponde a los niveles A1 y A2 del *Marco común europeo de referencia para las lenguas*.

Es un manual centrado en el alumno y que sigue un modelo curricular comunicativo basado en el enfoque por tareas. Para su elaboración hemos tenido en cuenta tanto las teorías lingüísticas (qué enseñar, tomando como referencia el *Plan Curricular del Instituto Cervantes*) como las teorías sobre la adquisición de lenguas (cómo se aprende) y se ha concebido atendiendo a los cuatro componentes básicos que intervienen en el proceso de enseñanza-aprendizaje: el estudiante, el profesor, el aula y el material de trabajo.

La metodología y la secuenciación de los contenidos tienen como fin ofrecer al alumno la posibilidad de poder transferir las funciones comunicativas presentadas y practicadas en el aula a situaciones fuera del aula, en los contextos en los que los estudiantes las necesiten.

El contenido que presentamos es rico, variado y motivador para el alumno tanto en los materiales seleccionados como en las actividades propuestas y orientadas al ejercicio de las cuatro destrezas (comprensión oral, interacción oral, comprensión lectora y producción escrita).

Se proponen diferentes registros, ya que el uso de un registro formal o un registro informal o coloquial puede contribuir al éxito de un encuentro de negocios o laboral. Junto a este aspecto, cabe destacar el interés prestado al componente socio-cultural de la lengua y a la riqueza que surge del contraste entre el español peninsular y el español de hispanoamérica.

Cada nivel de **En Equipo.es** se compone de:

- Libro del alumno, estructurado en ocho unidades con sus correspondientes tareas finales, tras las cuales se presentan las páginas tituladas "Hispanoamérica" en las que se recogen los contenidos de la unidad trabajados a partir de las variantes culturales y lingüísticas del otro lado del Atlántico. Cierra cada volumen un apéndice gramatical con ejemplos sacados del material presentado.

- Libro de ejercicios, donde se incluyen: ejercicios y actividades de autoevaluación, claves, transcripciones y audiciones en CD de todo el material, así como un apéndice con direcciones de páginas *web* útiles tanto al profesor para orientar sus clases como al estudiante para consultas informativas, y un glosario de los términos que aparecen en el libro.

- Libro del profesor, recoge propuestas y alternativas para la explotación de las actividades presentadas en el libro del alumno, así como material complementario fotocopiable.

Por último, sólo nos resta decir que **En equipo.es** es fruto de nuestra experiencia en el aula como profesoras de español de los negocios y de varios años de trabajo, contrastando y experimentando con las actividades y su secuencia y con estudiantes muy heterogéneos.

Olga Juan
Marisa de Prada
Ana Zaragoza

Índice

En el método se han usado los siguientes símbolos gráficos:

 Trabajo individual

 Trabajo en pequeño grupo

 Audio [X] [Número de la grabación]

 Trabajo en parejas

 Trabajo de gran grupo o puesta en común

 Fíjate

¿Quién es usted?

En esta unidad aprendes a...

■ **Saludar**

Buenos días. / Buenas tardes. / Buenas noches.
¡Hola! (De manera informal)
¡Hola!, ¿qué tal? (De manera informal)

■ **Despedirse**

¡Hasta luego! / ¡Hasta mañana! / Adiós.

■ **Presentarse**

Soy el Sr. Segovia. / Soy la Sra. Calvo. (De manera formal)
Soy Ana Pérez. / Me llamo Ana Pérez. (De manera formal)
Soy Juan. / Me llamo Juan. (De manera informal)

■ **Presentar a alguien**

▶ Le presento a... (De manera formal)
Te presento a... (De manera informal)
▷ Encantado/a. / Mucho gusto.

■ **Dar las gracias**

Gracias. / De nada.

■ **Preguntar y responder por el nombre**

▶ ¿Cómo se llama usted? (De manera formal)
¿Cómo te llamas? (De manera informal)
▷ Me llamo... / Soy...

■ **Preguntar cómo se escribe**

¿Cómo se escribe? / ¿Cómo se deletrea?

■ **Preguntar y responder cómo se dice**

▶ ¿Cómo se dice... en español?
▷ Se dice...

■ **Preguntar y responder por la profesión**

▶ ¿A qué se dedica? (De manera formal)
¿A qué te dedicas? (De manera informal)
▷ Soy abogado/a.

■ **Preguntar y responder por la nacionalidad**

▶ ¿De dónde es usted? (De manera formal)
¿De dónde eres? (De manera informal)
▷ Soy español, de Santander.

■ **Preguntar por el número de teléfono**

¿Cuál es el número de teléfono de...?

unidad 1

¿Quién es usted?

1. En la recepción de la empresa

1.1. Escucha los diálogos. [1]

1.2. Ahora lee los diálogos y escucha otra vez.
Completa los diálogos.

1. ▶ Buenos *(a)* ...., señor Calvo.

▷ *(b)* .... días, señora Planas.

2. ▶ ¡Hola! Buenas *(c)* ...., Juan.

▷ ¡*(d)* ...., Enrique! *(e)* .... tardes.

3. ▶ Buenas *(f)* ...., señor Ruiz.

▷ *(g)* .... noches, señor Segovia.

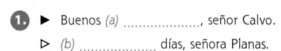

4. ▶ *(h)* ...., Fernando. Hasta *(i)* ....

▷ Adiós, Marisa, *(j)* .... luego.

5. ▶ Hasta *(k)* ...., Olga.

▷ Adiós, Ana, *(l)* .... mañana.

1.3. **¿Qué nombres de personas hay en los diálogos?**

• De mujer: ....

• De hombre: ....

• ¿Y qué apellidos?: ....

1.4. Escribe en la columna adecuada los nombres y apellidos siguientes.

Pérez   Asunción   Blanca   José   Garzón
Iturralde   Botín   Aránzazu   Arenas
Soledad   Fraga   Velasco   Gonzalo
Felipe

Nombres	Apellidos

Los españoles tienen dos apellidos:

José Martínez Fernández   Marisa Prada Zaragoza

⇩

Olga Martínez Prada

1.5. Pregunta a tus compañeros qué nombres y apellidos han escrito.

Ejemplo:

▶ Asunción, ¿es nombre o apellido?

▷ Nombre.

▶ ¿Y Blanca es apellido?

▷ No, no. Es nombre.

2. Si los españoles no entienden su nombre...

2.1. Aquí tienes el alfabeto español.

A a	B b	C c	CH ch	D d	E e	F f	G g
(a)	(be)	(ce)	(che)	(de)	(e)	(efe)	(ge)

H h	I i	J j	K k	L l	LL ll	M m
(hache)	(i)	(jota)	(ka)	(ele)	(elle)	(eme)

N n	Ñ ñ	O o	P p	Q q	R r	S s
(ene)	(eñe)	(o)	(pe)	(cu)	(erre)	(ese)

T t	U u	V v	W w	X x	Y y	Z z
(te)	(u)	(uve)	(uve doble)	(equis)	(i griega)	(zeta)

2.2. Pregunta los nombres y apellidos a tus compañeros y también cómo se deletrean. Luego escribe estos datos en el cuadro.

Ejemplo: ▶ ¿Cómo te llamas? (De manera informal)

▶ ¿Cómo se llama? (De manera formal)

▷ Me llamo Ignacio Carro Losantos.

▶ ¿Cómo se deletra?

▷ I, ge, ene, a, ce, i, o; ce, a, erre, erre, o; ele, o, ese, a, ene, te, o, ese.

Nombres	Apellidos

3. ¿De dónde es usted?

3.1. A continuación tienes una lista incompleta de diferentes nacionalidades y países. ¿Puedes completarla?

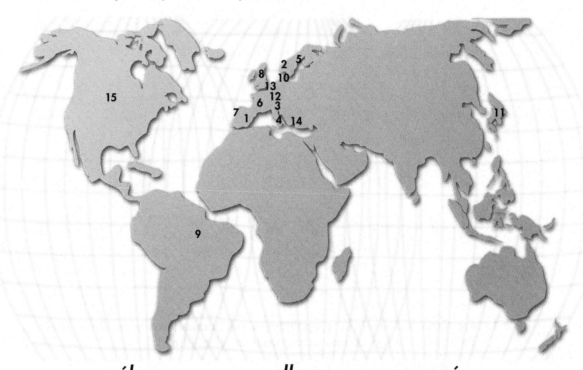

	él es...	ella es...	país
1.	• español	• española	• España
2.	•	• noruega	• Noruega
3.	• suizo	•	• Suiza
4.	• italiano	• italiana	• ....
5.	•	• sueca	• Suecia
6.	• francés	• francesa	• ....
7.	• portugués	•	• Portugal
8.	•	• inglesa	• Inglaterra
9.	• brasileño	• brasileña	• ....
10.	• danés	•	• Dinamarca
11.	• japonés	• japonesa	• ....
12.	•	• alemana	• Alemania
13.	• belga	•	• Bélgica
14.	• griego	• griega	• ....
15.	• estadounidense	• estadounidense	• ....
16.	•	•	• ....
17.	•	•	• ....

3.2. ¿Está tu nacionalidad en la lista?
Si no está, pregunta a tus compañeros o a tu profesor y amplía la lista.

Ejemplo: ► ¿Cómo se dice "Italian" en español?

▷ Italiano.

► Gracias.

4. En la recepción de una sala de congresos

4.1. Lee los siguientes diálogos.

1. La recepcionista pregunta los nombres y apellidos de los participantes.

► Buenos días, su nombre y apellidos, por favor.

▷ Soy Jorge Azúa.

► Bienvenido, señor Azúa.

▷ Gracias.

2. Ahora dos participantes se presentan.

► Buenos días, soy Elvira Peña.

▷ Encantado, soy Jorge Baldía.

► Mucho gusto.

▷ ¿De dónde es usted?

► Soy de Madrid, ¿y usted?

▷ De Zaragoza.

[2]

4.2. Escucha cómo se presentan otros participantes y completa el cuadro.

	¿De qué país es?	¿De qué ciudad es?
Diálogo 1		
Sra. Pires		
Sr. Dahl		
Diálogo 2		
Sr. Equiluz		
Sra. Onetti		
Diálogo 3		
Sra. Gallego		
Sra. Adorno		

4.3. Practica con tus compañeros, completando el cuadro con la información que te den.

Recuerda:

- ► ¿Cómo se llama usted? (De manera formal)
- ► ¿Cómo te llamas? (De manera informal)
- ▷ Me llamo María.
- ► ¿Cómo se deletrea?
- ▷ Eme, a, erre, i, a. María.
- ► ¿De dónde es usted? (De manera formal)
- ► ¿De dónde eres? (De manera informal)
- ▷ Soy (nacionalidad), de (ciudad)

Nombre del alumno	País	Ciudad

5. En un congreso de Arquitectos, después de dar el nombre a la recepcionista...

5.1. Lee las siguientes presentaciones.

1.
- ► Juan, te presento a Álvaro.
- ▷ Mucho gusto, Álvaro.
- ► Encantado.

2.
- ► Señora Calvo, le presento a la señora Ramos, es la directora de la empresa Construluz.
- ▷ Mucho gusto.
- ► Encantada, señora Calvo.

3. ▶ Le presento al señor Ruiz y a la señora Alonso, son los arquitectos de "Casa Giralda".

▷ Mucho gusto.

▶ Encantado.

▷ Encantada.

4. ▶ Ana, te presento a María Botín y Paloma Ballesteros.

▷ Hola, encantada.

▶ Encantada.

▷ Mucho gusto.

5.2. **Presenta a tus compañeros de la clase a alguno de estos personajes. Practica con las formas "Le presento a..." y "Te presento a...". Empieza un compañero presentando a uno de los siguientes personajes de manera formal al compañero de la izquierda, éste debe presentarlo de manera informal al compañero de su izquierda, el siguiente debe hacer lo mismo con otro personaje y así, hasta que estén todos los personajes presentados.**

Antonio Catalán Díaz
AC Hoteles

Tomás Osborne
Bodegas Osborne

Ana González
Perfumerías Ana

Jesús Farga
Farggi

Hermanos Lladró
Porcelanas Lladró

6. Tarjetas de visita

Lee los siguientes diálogos y relaciona cada diálogo con las tarjetas de visita correspondientes. ¿Puedes escribir la profesión de la persona de la tarjeta?

1.
► ¿A qué se dedica, señora Pires?

▷ Soy ingeniera de telecomunicaciones, ¿y usted, señor Dahl?

► Soy abogado, soy el director del bufete *Servi*.

2.
► Agustín, ¿a qué te dedicas?

▷ Soy informático, ¿y tú?

► Soy profesor de la escuela *Auge*.

3.
► Señora Adorno, ¿a qué se dedica?

▷ Soy consultora de *Recursos y Consultoría*, ¿y usted?

► Soy periodista, director del periódico *Crónica*.

A.

- **Diálogo** ....
- **Profesión** ....

B.

- **Diálogo** ....
- **Profesión** ....

C.

SERVI
Bufete de abogados

Tomas Dahl
Tel. 632 11 24 76 • Fax: 632 11 24 89

- **Diálogo** ....
- **Profesión** ....

D.

NUEVA INGENIERÍA, S.A.

María Pires
☎ 952 28 74 05

TELECOMUNICACIONES Y REDES

- **Diálogo** ....
- **Profesión** ....

E.

Recursos y Consultoría

☎ 91 522 30 12

Dorotea Adorno

- Diálogo ....
- Profesión ....

F.

Crónica

Jaime Hernández
Director

© 677 22 30 12
jhernandez@cronica.es

- Diálogo ....
- Profesión ....

7. En la recepción de una escuela de Dirección de Empresas: hoy es el primer día de un programa máster

7.1. Relaciona las profesiones del ejercicio 7.2. y los dibujos. Pregunta a tu profesor si tienes dudas.

Ejemplo: ▶ ¿Profesor es "teacher"?

▷ Sí, correcto.

7.2. **Escucha los siguientes diálogos y marca con una cruz las profesiones que se mencionan.**

[3]

A. ☐	Periodista	E. ☐	Arquitecto	I. ☐	Piloto
B. ☐	Profesor	F. ☐	Médico	J. ☐	Informático
C. ☐	Bióloga	G. ☐	Abogado	K. ☐	Química
D. ☐	Economista	H. ☐	Ingeniero		

[3] **7.3.** **Ahora escucha otra vez la audición y completa el texto.**

1. ► ¡Hola, Pedro! ¿Qué tal?

▷ Bien. Mira, te presento a Jaime Badía, *(a)* .... economista como tú.

► ¿Qué tal, Jaime? ¿De dónde *(b)* ....?

► De Pamplona, ¿y tú?

► *(c)* .... de aquí, de Barcelona.

2. ► Buenos días. *(d)* .... Felipe Sierra.

▷ Hola, *(e)* .... Ramón Huarte. *(f)* .... ingeniero, ¿y tú?

► Yo *(g)* .... médico.

3. ► ¿Qué tal, Marta? Mira, te presento a Julián Vives *(h)* .... abogado como yo.

▷ ¿Qué tal, Julián? Yo *(i)* .... periodista y ésta *(j)* .... María *(k)* .... bióloga.

► ¡Hola! Mucho gusto.

4. ► ¡Hola Javier! ¿Qué tal?

▷ Muy bien. Te presento a Antonio Pascual y a Carmen Valero, *(l)* .... informáticos.

► Encantado. ¿Qué tal? ¿De dónde *(ll)* ....?

► *(m)* .... de Sevilla, ¿y tú?

► De Cáceres.

7.4. ¿A qué verbo pertenecen las palabras del ejercicio anterior? Completa el cuadro.

Yo	
Tú	
Él - ella - usted	es
Nosotros - nosotras	
Vosotros - vosotras	sois
Ellos - ellas - ustedes	

8. Los números de teléfono

Trabaja con tu compañero. Él tiene los números de teléfono que tú necesitas y tú tienes los que él necesita. Completa los números que no tienes.

Ejemplo: ▶ ¿Cuál es el número de télefono de...?

        ▷ Es el...

Alumno A

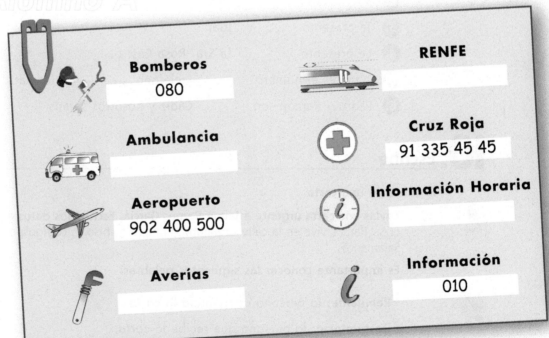

Bomberos
080

RENFE

Ambulancia

Cruz Roja
91 335 45 45

Aeropuerto
902 400 500

Información Horaria

Averías

Información
010

Alumno B

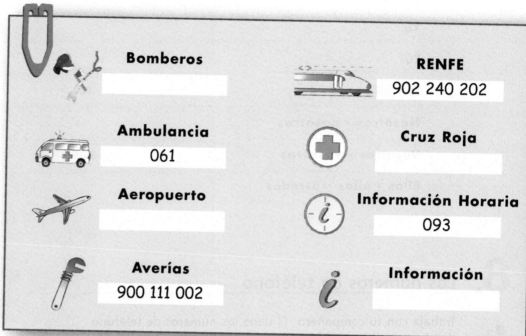

Bomberos

RENFE
902 240 202

Ambulancia
061

Cruz Roja

Aeropuerto

Información Horaria
093

Averías
900 111 002

Información

9. Preposiciones

Completa con las preposiciones *a* **y** *de*.

1. ¿.............. dónde eres?

2. Soy italiana, ... Roma.

3. Te presento .... Juan.

4. Le presento .... la Sra. Rosa Castro.

5. ¿Cuál es el número .... teléfono .... información?

6. Pedro y Ramón son .... Cádiz y nosotros somos .... Sevilla.

10. Escribe

El sobre de una carta

10.1. Envías una carta urgente a Jaime Ramos García. Escribe los datos en el sobre.
El Sr. Ramos vive en la calle Unamuno, número 5, piso 2, código postal 37839, Salamanca.

Es importante conocer las siguientes palabras:

- **Remitente:** la persona que manda la carta.

- **Destinatario:** la persona que recibe la carta.

Y las siguientes abreviaturas:

- **C/:** calle
- **P.º:** paseo
- **Avda.:** avenida
- **Pza.:** plaza

- **N.º:** número
- **Sr.:** señor
- **Sra.:** señora

El envío certificado

10.2. Si envías algo importante puedes usar el envío certificado de Correos. Con este tipo de envío, Correos garantiza por escrito la recepción del mismo.

Completa el siguiente certificado con los datos de la actividad 10.1.:

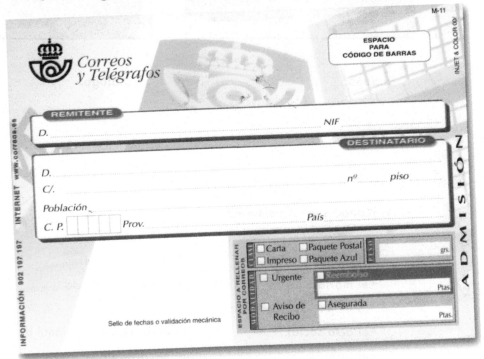

11. Diferencias culturales

Los saludos
Escribe un diálogo para cada fotografía.
Puedes consultar los diálogos que aparecen en las actividades 1, 4 y 5.

Foto 1:

- **Diálogo:** ....

  ....

  ....

Foto 2:

- **Diálogo:** ....

  ....

  ....

Foto 3:

- **Diálogo:** ....

  ....

  ....

Foto 4:

- **Diálogo:** ....

  ....

  ....

12. Lectura

12.1. ¿Conoces estas palabras?

- el apellido
- el marido
- la mujer
- el acto social
- el trabajo

- soltero / soltera
- casado / casada
- el pasaporte
- el documento nacional de identidad
- el carné de conducir

12.2. Lee el siguiente texto.

Apellidos, apellidos...

El apellido de una mujer española casada es un misterio para muchos extranjeros. "¿Cuál es el apellido de esta señora?", se preguntan.

En un acto social, en el que la mujer va de acompañante del marido, él es, por ejemplo, el señor Rodríguez y ella es la señora de Rodríguez o señora Rodríguez.

En el trabajo la señora de Rodríguez es Ana Pérez, ¿por qué? Porque la mujer española siempre mantiene su apellido de soltera.

Los apellidos de soltera están en su pasaporte, en su documento nacional de identidad (DNI), en su carné de conducir, etc.

12.3. Marca con una cruz si las afirmaciones siguientes son verderas o falsas.

	verdadero	falso
1. El apellido de una mujer española casada es un misterio para muchos extranjeros.	☐	☐
2. En un acto social la mujer casada usa el apellido del marido.	☐	☐
3. En el trabajo la mujer casada usa el apellido del marido.	☐	☐
4. El apellido del marido está en el pasaporte de su mujer.	☐	☐

Tarea final

Archivo de datos

1. **En grupos de tres, tenéis que preparar un modelo de informe para conocer los datos, tanto personales como profesionales, de una persona. Podéis:**
- Hacer un borrador oficial con el diseño del modelo.
- Discutir qué datos necesitáis conocer y qué palabra vais a utilizar para cada dato.
- Diseñar el modelo final.

2. **Puesta en común.**
Una persona de cada grupo presenta su modelo al resto de la clase. Se elige el mejor o se elabora uno conjunto en la pizarra.

3. **Con el modelo resultante, rellena el informe de cinco compañeros.**
Para obtener estos datos de tus compañeros, revisa la unidad y busca las herramientas (frases o expresiones) que te serán útiles para realizar este trabajo.

4. **Con tus compañeros, juega a adivinar** *¿Quién es quién?* **Explica los datos que tienes y el resto de compañeros tendrá que averiguar qué persona es.**

HISPANOAMÉRICA

HISPANOAMÉRICA

Brasil

Me llamo
Rodrigo Dos Santos Moreira.
Soy "brasileiro", en español se dice brasileño.
Soy de Río de Janeiro. Soy economista, director de una empresa especializada en la formación de ejecutivos. Estudio español para trabajar en países hispanoamericanos.

Soy Fernanda,
la profesora de Rodrigo.
Después de estudiar la
unidad 1, Rodrigo quiere
saber más sobre el mundo
hispanoamericano.

Rodrigo quiere
saber...

...los nombres, las
nacionalidades y las
monedas de los países
hispanoamericanos.

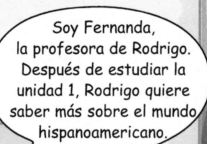

Aquí tienes información sobre países en los que se habla español. Completa este cuadro.

Extra Credit

	País	Nacionalidad	Moneda
1.	•	• argentino/a	• peso
2.	• Chile	•	• ....
3.	•	• cubano/a	• ....
4.	• EL Salvador	•	• colón
5.	•	•	• sucre / dólar
6.	•	• hondureño/a	• ....
7.	•	•	• córdoba
8.	• Costa Rica	•	• colón
9.	• Panamá	•	• ....
10.	•	• dominicano/a	• ....
11.	•	•	• dólar
12.	•	• colombiano/a	• ....
13.	•	•	• bolívar
14.	• Perú	•	• ....
15.	•	•	• boliviano
16.	• Uruguay	•	• ....
17.	•	•	• guaraní
18.	• México	•	• ....
19.	•	•	• quetzal

Y además...

• En México, a los habitantes de Monterrey se les llama "regios" y a los habitantes de México D.F. se les llama "chilangos" de forma muy coloquial o despectiva.

3

...cómo son los saludos, despedidas y agradecimientos.

- En Argentina, por la mañana, se dice: "Buen día", y para despedirse de forma informal se dice "Chau".

- Los mexicanos cuando se saludan se dan la mano, sólo se dan besos a familiares y amigos. En situaciones informales, entre "cuates", para saludarse dicen: "¡Hola!, ¿qué onda?".

- Cuando alguien dice "gracias" a un mexicano, él responde "a usted se le dan", "para servirle" o "mande usted".

Rodrigo, ¿sabe que "cuates" es una palabra para designar a jóvenes amigos en México?

...si hay diferencias gramaticales.

4

- En toda Hispanoamérica "ustedes" se utiliza como plural de "tú" y de "usted".

- En Argentina y en Uruguay se utiliza "vos" en vez de "tú".

- En Argentina y en Uruguay dicen "vos sos" en lugar de "tú eres".

5

[4]

Rodrigo, escuche los siguientes diálogos. Identifique de qué país son las personas que hablan en cada diálogo.

Completa el cuadro:

	¿De qué país son?
Diálogo 1	
Diálogo 2	
Diálogo 3	

6

De acá y de allá

- En México hombres y mujeres tienen dos apellidos y...

¿Recuerda la lectura sobre los apellidos en España?
En México ocurre lo mismo, pero es curioso... ¡Preste atención a lo que viene a continuación!

- La abreviatura C/ por calle no se usa en ningún país de Hispanoamérica.

- La fórmula Señor, en México, es sustituida por Licenciado, Doctor o Ingeniero, en caso de duda se escribe Licenciado.

7

¿A qué país pueden llegar los siguientes sobres?

A.

Licenciado Quesada
Avenida Uno 160
Colonia Vértiz Narvarte
....

B.

Sr. Pablo Daniel Galán
Calle Iván Perón n.º 14
....

¿Dónde está la oficina?

En esta unidad aprendes a...

■ **Pedir y dar información sobre una dirección**
  ▶ ¿Dónde está su empresa?
  ▷ Está al final de la calle Murillo, cerca de Pintor López.

■ **Pedir y dar información sobre la ubicación de lugares y objetos**
  ▶ ¿Dónde está el archivador?
  ▷ Está al lado de la impresora.

  ▶ ¿Hay un fax en esta planta?
  ▷ Sí, hay un fax entre la impresora y la fotocopiadora.

■ **Expresar la cantidad**
  + sumar, (más).
  - restar, (menos).
  x multiplicar, (por).
  : dividir, (entre).
  = igual a, son.

■ **Expresar interés y agrado**
  ¡Es magnífica!
  ¡Qué bonita!

■ **Solicitar confirmación de lo dicho**
  ..., ¿verdad?

unidad
2

¿Dónde está la oficina?

1. ¿Dónde está tu empresa?

1.1. Lee el siguiente texto.

Mi **empresa** está en el **edificio** la Pedrera de la **calle** Valencia. Estamos en el **barrio** del Ensanche. Nuestras **oficinas** están en el 5° **piso**. El **despacho** de nuestro abogado está en la **plaza** Cataluña, exactamente en la **avenida** Cerdeña 14, en la 2ª **planta**.

1°: primero	**1er:** primer	**1ª:** primera
2°: segundo	**2°:** segundo	**2ª:** segunda
3°: tercero	**3er:** tercer	**3ª:** tercera

Las palabras en negrita indican lugares.

La palabra **planta** es sinónimo de **piso** y la palabra **oficina** es sinónimo de **despacho** o **lugar de trabajo**.

1.2. Relaciona las palabras del texto 1.1. que están en negrita con las siguientes fotos.

Foto 1: ....

Foto 2: ....

Foto 3: ....

Foto 4: ....

Foto 5: ....

Foto 6: ....

1.3. ¿Conocéis otras palabras que expresen lugares? Haz una lista con las palabras que conoces y que no han aparecido en el ejercicio.

1.4. Entre todos, escribid en la pizarra las palabras nuevas que tenéis. Si es necesario, podéis explicar su significado.

[5] **1.5.** Escucha estas conversaciones y completa el texto.

1. ▶ Sra. Ramos, ¿dónde .... (a) su empresa?

▷ Construluz .... (b) en la avenida de la Constitución, nuestras oficinas .... (c) en el edificio Colón.

2. (Hablando por el móvil).

▶ ¡Álvaro, ¿ .... (d) todavía en la plaza Castilla?

▷ No, ahora .... (e) en la calle Galdós, n° 16, en el 1er piso.

3. ▶ ¿Dónde .... (f) su despacho, Sr. Go?

▷ En el edificio "Casa Giralda", en la calle Zorrilla, n° 15.

4. ▶ Sra. Ribalta, ¿su consultoría .... (g) en el barrio del Pilar?

▷ Sí, en la plaza de Aragón, en un edificio antiguo, precioso, ... (h) en el 3er piso.

5. ▶ Construluz .... (i) en la avenida de la Constitución, ¿verdad?

▷ Sí, en el edificio Colón. Yo trabajo en la 3ª planta y María .... (j) en la 7ª.

1.6. ¿A qué verbo pertenecen todas estas palabras? ¿Puedes completar el cuadro de su conjugación?

Yo	
Tú	
Él - ella - usted	
Nosotros - nosotras	estamos
Vosotros - vosotras	estáis
Ellos - ellas - ustedes	

2. En la oficina, ¿dónde está...?

2.1. Observa el plano de la oficina y lee la información.

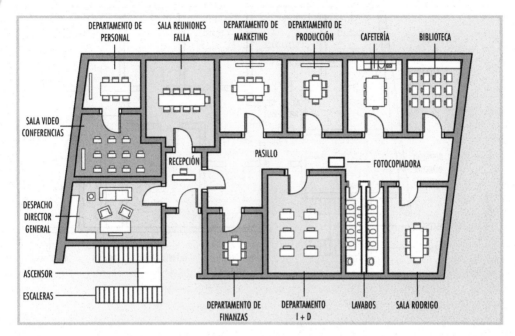

- El departamento de marketing está **enfrente del** departamento de finanzas.
- La cafetería está **al lado de** la biblioteca.
- La sala Rodrigo está **al final del** pasillo, **a la derecha**.
- La biblioteca está **al final del** pasillo, **a la izquierda**.
- El departamento de I + D (Investigación y Desarrollo) está **entre** los lavabos **y** el departamento de finanzas.

- al lado de la /del /de las /de los
- enfrente de la /del /de las /de los
- a la izquierda de la /del /de las/ de los
- a la derecha de la /del /de las /de los
- al final de la / del /de las/ de los
- entre la / el / las / los y la / el / las / los

| de + el = del | a + el = al |

2.2. Observa el plano de esta empresa.

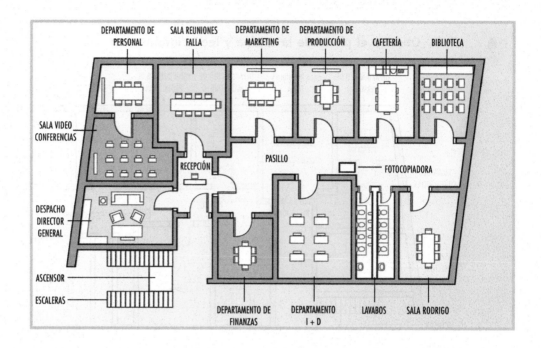

2.3. Completa la siguiente información según el plano utilizando las expresiones de 2.1.

1. El departamento de marketing está .... sala de reuniones Falla.

2. La cafetería está .... lavabos.

3. El ascensor está .... escaleras.

4. La sala de vídeo-conferencias está .... despacho del director.

5. El despacho del Director general está .... recepción.

6. La recepción está .... departamento de personal y el departamento de finanzas.

7. El departamento de I+D (Investigación y Desarrollo) está .... departamento de producción.

8. La biblioteca está .... pasillo, ...

2.4. Explícale a tu compañero la distribución de tu empresa, él va a dibujar un plano. ¿Es correcto el dibujo de tu compañero?

3. Con la calculadora, ¿qué número...?

3.1. Lee en voz alta las siguientes operaciones.

Ejemplo: **[((1 + 1) x 5) – 5] : 5 = 1**

Uno más uno, dos. Dos por cinco, diez. Diez menos cinco, cinco. Cinco entre cinco, uno. Igual a uno.

• **3 + 3 x 6 - 15 =**

....

....

• **20 - 2 / 6 x 9 =**

....

....

• **36 / 4 x 10 + 9 =**

....

....

- **+** sumar: 2 + 2 = 4, dos **más** dos, cuatro.
- **–** restar: 2 - 2 = 0, dos **menos** dos, cero.
- **x** multiplicar: 2 x 2 = 4, dos **por** dos, cuatro.
- **/** dividir: 2/2 = 1, dos **entre** dos, uno (también se usa 2:2 = 1).
- **=** igual a, son.

3.2. ¿Cuál es el siguiente número de esta serie?

10-20-30-50-70-

3.3. Los números que ocupan los peldaños de esta escalera forman hacia arriba una razón lógica. ¿Qué números hay en el último peldaño?

3.4. Comprueba con tu compañero los resultados. Tienes que explicar las operaciones.

4. En la oficina, ¿qué dicen?

[6] **4.1.** Presta atención a los números que escuches en la audición y señálalos.

Ejemplo:

☑ a) 10

☐ b) 12

1 ☐ a) 25   2

☐ b) 52   22

2 ☐ a) 4057 MBG   3

☐ b) 4017 MBG   13

3 ☐ a) 91-216 36 77   75

☐ b) 91-217 23 66   65

4 ☐ a) 86   15

☐ b) 96   5

5 ☐ a) M-40   A-50

☐ b) M-30   A-5

4.2. Comprueba si tienes los mismos datos que tu compañero. Si es necesario, puedes volver a escuchar la audición.

5. En mi despacho, ¿qué hay? y ¿dónde está?

5.1. Observa el siguiente dibujo.

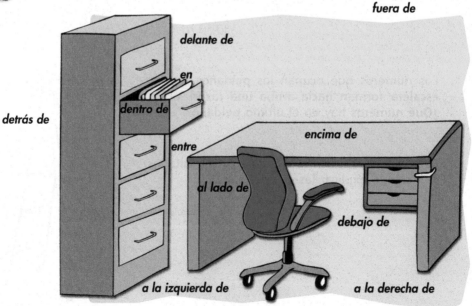

fuera de

delante de

en

dentro de

detrás de

encima de

entre

al lado de

debajo de

a la izquierda de

a la derecha de

5.2. **Elige siete objetos.**

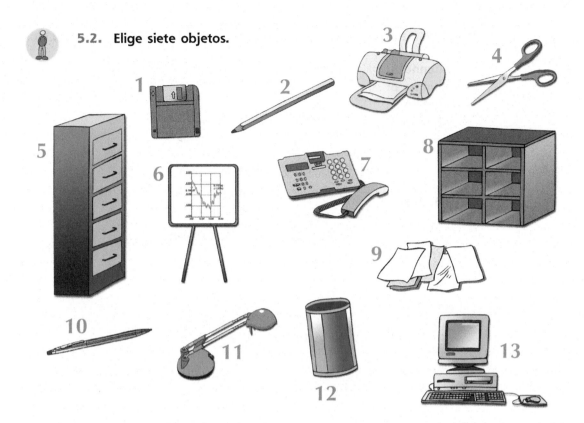

Coloca los siete objetos en tu dibujo.

Mi despacho

5.3. Pregunta a tu compañero qué objetos ha colocado y dónde están situados.

Ejemplo: **Alumno A:** ¿Hay un ordenador en tu despacho?
           Alumno B: Sí.
           Alumno A: ¿Dónde está?
           Alumno B: Está encima de la mesa, a la izquierda.

Hay +
- un ordenador encima de la mesa.
- una calculadora dentro del cajón.
- unos clips al lado del teléfono.
- unas carpetas debajo del archivador.

- El ordenador
- La calculadora
- Los clips
- Las carpetas

+ está / están +

encima de la mesa.
dentro del cajón.
al lado del teléfono.
debajo del archivador.

5.4. Escucha la explicación de tu compañero y dibuja en el plano.

El despacho de mi compañero

5.5. Comparad los planos y corregid si es necesario.

6. En busca del objeto perdido

6.1. La nueva secretaria de María Botín no sabe dónde están los objetos. Escucha los diálogos.

6.2. Completa el siguiente cuadro.

Busca

Diálogo 1	El archivador.
Diálogo 2	
Diálogo 3	
Diálogo 4	
Diálogo 5	

6.3. Escucha por segunda vez los diálogos.

6.4. Completa el siguiente cuadro.

Está, están o hay

Diálogo 1	El archivador está al lado de la impresora.
Diálogo 2	
Diálogo 3	
Diálogo 4	
Diálogo 5	

7. En el taxi

7.1. Escucha la conversación.

El Sr. Azúa está en la Avda. María Cristina cerca de la plaza del Mercado. Busca un taxi. Señala en el mapa el recorrido que hace el Sr. Azúa para llegar a su trabajo.

1. Iglesia del Carmen
2. Torres de Serranos
3. Palacio de Benicarló
4. Iglesia del Temple
5. Instituto de Arte Moderno
6. Catedral del Sto. Cáliz
7. Torres de Quart.
8. Iglesia de los Santos Juanes
9. La Lonja
10. Mercado Central

¿Dónde está la oficina?

Aquí

Ahí

Allí

Cerca

Lejos

7.2. Lee el diálogo y mira si la ruta es la correcta.

> **Sr. Arzúa:** ¡Taxi!
> **Taxista:** ¡Buenos días!
> **Sr. Arzúa:** ¡Buenos días! A la calle Pintor López n.º 1, por favor. ¿Está muy lejos?
> **Taxista:** No, no. Está a 10 minutos.
> **Sr. Arzúa:** ¿Qué es el edificio de la izquierda, al lado de la parada del autobús?
> **Taxista:** Es el Mercado Central, aquí en la plaza del Mercado está también la iglesia de los Santos Juanes que es muy bonita.
> **Sr. Arzúa:** ¿Dónde?
> **Taxista:** Allí, enfrente, ¿la ve?
> **Sr. Arzúa:** Ah, sí. ¡Es magnífica! ¿Y la Torre de Quart dónde está?
> **Taxista:** Al final de la Calle Murillo. ¡Ahí!
> **Sr. Arzúa:** ¡Qué bonita!
> **Taxista:** Ahora estamos en la avenida Guillem de Castro.
> **Sr. Arzúa:** ¿Allí hay otra iglesia?
> **Taxista:** Sí, es la iglesia del Carmen, es muy antigua.
> **Sr. Arzúa:** ¿Es ésta la calle Blanquerías? Entonces estamos cerca de las Torres de Serranos ¿No?
> **Taxista:** Sí, sí, y ya estamos al lado de Pintor López.
> **Sr. Arzúa:** Perfecto.

7.3. Explícales a tus compañeros qué camino tomas para llegar a tu escuela. Puedes usar un plano de la ciudad.

8. Preposiciones

Completa con las preposiciones *en*, *a* **y** *de*.

> a + el = al   de + el = del

1. ▶ Perdone, ¿dónde está el despacho .... (1) señor Ronda?

> ▷ .... (2) la derecha, ... (3) lado .... (4) la sala .... (5) reuniones.

2. ▶ Marta, ¿la agenda, por favor?

> ▷ Está encima .... (1) la mesa, ... (2) la izquierda .... (3) los libros.

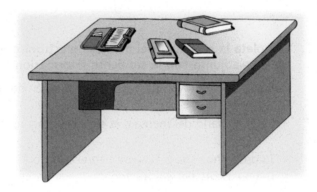

3. ▶ Perdona, ¿el despacho .... (1) Señor Camino?

> ▷ El 25, está .... (2) la segunda planta.

4. ▶ ¿Hay una fotocopiadora?

> ▷ Sí, ... (1) final .... (2) pasillo.

5. ▶ Mi oficina está .... (1) el edificio "Casa Giralda" .... (2) la calle Zorrilla.

¿Dónde está la oficina?

9. Escribe

El mensaje electrónico

9.1. Fíjate en los elementos de un mensaje electrónico.

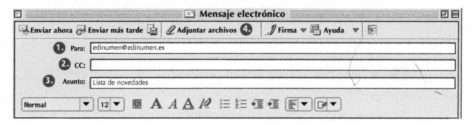

1. Para: nombre del destinatario principal y su dirección electrónica.

2. CC: nombres de otros destinatarios y sus direcciones electrónicas.

3. Asunto: contenido del mensaje, título.

4. Adjuntar archivos: enviar archivos de texto, imágenes, etc. junto al mensaje.

9.2. Completa la cabecera del mensaje electrónico y el documento que se va a mandar adjunto con la siguiente información.

- Eres Juan Montoya Pérez, jefe de producción de la cadena de montaje. Tu dirección de correo electrónico es jefe-producción@acerex.es
- El destinatario del mensaje es el departamento de informática: depto-informatica@acerex.es
- Tu despacho es el p-12 y está en el edificio 1.
- Hoy es 24 de febrero de 2002.
- La impresora está estropeada.

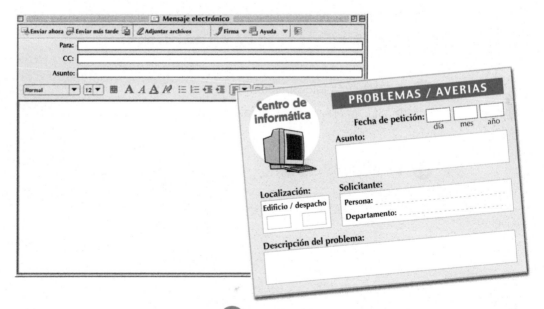

10. Diferencias culturales

Elegir ciudad para una empresa

10.1. ¿Cuál es tu ciudad europea favorita para vivir? ¿Y para hacer negocios? Numera las diez primeras.

Paris Lisboa Frankfurt Bruselas Barcelona Amsterdam Milán Munich Manchester Génova Zurich Lyon Madrid Berlín Hamburgo Oslo Praga Viena Dublín Estocolmo Londres Turín Varsovia Budapest Atenas Moscú Copenhague Roma

10.2. En la pizarra, preparad una lista con las preferencias de toda la clase.

Ejemplo: Mi ciudad favorita para vivir es Roma, en segundo lugar Atenas, en tercer lugar Praga...

10.3. Lee los resultados del informe de la compañía británica Healey and Baker, publicado en el periódico *Expansión*. "Los directivos creen que Londres y París son las mejores ciudades para instalar negocios".

Las mejores ciudades para instalar un negocio

Ciudad	Clasificación			Puntuación ponder. 2006	Ciudad	Clasificación			Puntuación ponder. 2006
	2004	2005	2006			2004	2005	2006	
Londres	1	1	1	0,99	Dublín	–	14	16	0,10
París	2	2	2	0,66	Glasgow	17	18	17	0,09
Frankfurt	3	3	3	0,50	Estocolmo	14	16	18	0,08
Bruselas	4	4	4	0,34	Hamburgo	17	19	19	0,07
Amsterdam	5	5	5	0,28	Viena	23	20	20	0,06
Barcelona	7	6	6	0,20	Praga	16	21	21	0,06
Zurich	6	7	7	0,17	Lyon	17	22	22	0,06
Milán	9	8	8	0,16	Budapest	22	24	23	0,05
Madrid	10	9	9	0,15	Copenhague	24	25	24	0,05
Munich	11	12	10	0,14	Roma	27	23	25	0,04
Manchester	11	13	11	0,13	Varsovia	17	26	26	0,04
Düsseldorf	8	10	12	0,13	Oslo	25	28	27	0,03
Ginebra	11	11	13	0,12	Turín	27	27	28	0,03
Lisboa	17	17	14	0,11	Moscú	29	30	29	0,02
Berlín	14	15	15	0,10	Atenas	25	29	30	0,02

Periódico Expansión

¿Dónde está la oficina?

Factores esenciales para decidir la ubicación	1996 % (Base 509)
1. Fácil acceso a los mercados y clientes	63
2. Enlaces con otras ciudades y transporte internacional	52
3. La calidad de las telecomunicaciones	46
4. Coste y disponibilidad de los empleados	43
5. El clima que vean los gobiernos para las empresas mediante políticas fiscales y la disponibilidad de incentivos financieros	36
6. Relación calidad / precio del espacio para oficinas	26
7. Facilidad de viaje dentro de la ciudad	22
8. Disponibilidad de espacio para oficinas	22
9. Idiomas hablados	18
10. Poca contaminación	11
11. Calidad de vida para los empleados	10

Periódico Expansión

 10.4. **Comparad los resultados de la pizarra con los del periódico** *Expansión*.

11. Lectura

 11.1. **Según tu opinión, ¿las afirmaciones siguientes son verdaderas o falsas? En la columna "Antes de leer", marca con una cruz tu elección.**

	Antes de leer		Después de leer	
	verdadero	falso	verdadero	falso
1. Hay un tipo de ordenador que se puede llevar en el bolsillo de la chaqueta.	☐	☐	☐	☐
2. Con este ordenador se pueden traducir frases a todos los idiomas.	☐	☐	☐	☐
3. Con este ordenador se puede ver una película de cine.	☐	☐	☐	☐
4. Con este ordenador se puede consultar un guía gastronómica.	☐	☐	☐	☐

11.2. Lee el texto.

La oficina en el bolsillo

¿Qué hace usted en la oficina?... Pues todo eso lo puede hacer ahora en cualquier lugar del mundo con el nuevo ordenador Psion 3A-X. Es como una oficina que puede llevar en el bolsillo de la chaqueta: enviar un fax, escribir un informe, realizar cálculos financieros y, además, traducir frases a 13 idiomas. Puede usar la información con un ordenador Apple o PC; tiene programas para conocer los horarios de salida y llegada de los vuelos; tiene información sobre el vino y los platos a los que acompaña, sobre las costumbres y usos de los países, etc.

11.3. Después de leer el texto, marca con una cruz en la columna "Después de leer" y compara con lo marcado antes. ¿Hay diferencias?

11.4. ¿Tienes un ordenador así? ¿Te gustaría tenerlo? ¿Crees que tiene utilidad? Comenta tus opiniones con tus compañeros.

Tarea final

Montar una empresa

1. En grupos de tres, tenéis que elegir ciudad para montar una empresa. Primero, tened en cuenta qué tipo de empresa es, para elegir la zona más adecuada (parque empresarial, zona industrial, un edificio de oficinas en el centro de la ciudad, etc.).

- Cuando estéis de acuerdo, presentad a la clase vuestra empresa y su ubicación, argumentado vuestra decisión.

2. Una vez elegida la ubicación, vais a preparar un correo electrónico para informar a vuestros clientes de la nueva dirección y de cómo llegar.

3. Por último, tenéis que escribir otro correo electrónico a vuestro proveedor de material de oficina para detallarle lo que necesitáis.

HISPANOAMÉRICA

1 Rodrigo está en su empresa. Está hablando con Esmeralda, su secretaria argentina, sobre su próximo viaje a Buenos aires y México DF.

> Esmeralda necesito saber la dirección de las empresas que voy a visitar y cómo llegar.

> Ahora mismo prendo la computadora, envío un mensaje electrónico a los proveedores y pido la dirección.

2 El e-mail

Éste es el e-mail que envía Esmeralda a Ana Isabel del Tour Operador mexicano *Yucatán Salvaje* y a Teresa Clara de *Argentina desde el Aire, Ocio y Aventura*.

Mensaje electrónico

Enviar ahora Enviar más tarde Adjuntar archivos Firma ▼ Ayuda ▼

Para:	teresaclaravidela@argentinadesdeelaire.com
CC:	anaisabelgarcia@yucatansalvaje.com
Asunto:	Viaje a México y Buenos Aires

Normal ▼ 12 ▼ A A A A ≡ ≡ ≡ ≡ ≡ ▼ ▼

El señor Rodrigo necesita saber dónde está ubicada la empresa de ustedes y cómo llegar a las oficinas desde el aeropuerto.

Gracias,

Esmeralda.

El mensaje telefónico

Esmeralda recibe en el contestador telefónico el mensaje de Teresa Clara desde Argentina.
Escucha el mensaje de Teresa Clara y marca en el plano el recorrido que recomienda y el área dónde está ubicada la empresa.

[9]

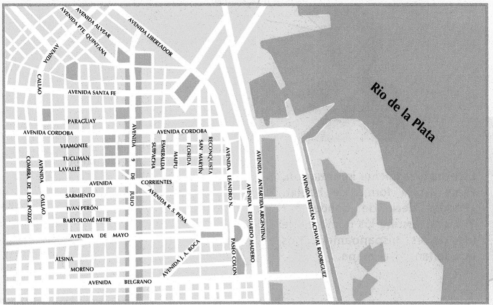

Otro e-mail

Éste es el mensaje de Ana Isabel desde México.
Lee el mensaje y señala lo que te parece diferente del español peninsular.

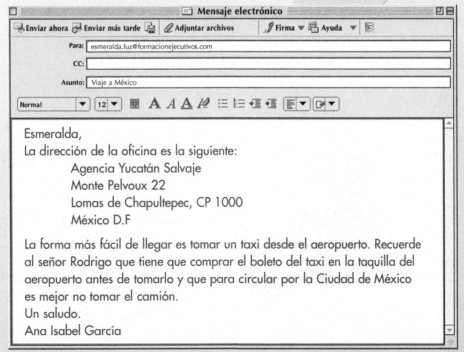

¿Qué han encontrado tus compañeros? Pregúntales y comprueba si es lo mismo que tienes tú.

5

 [10]

Rodrigo, revise la ubicación.

Escucha la siguiente información. Fíjate en la forma de hablar. ¿Puedes decir de dónde es? Y ahora, escribe los nombres de los países hispanoamericanos que faltan en el mapa.

COSTA RICA

COLOMBIA

PERÚ

BRASIL

PARAGUAY

URUGUAY

6

Rodrigo, observe estas diferencias.

- En Argentina dicen "de usted" por "su". Por ejemplo, en el mensaje de Esmeralda, ella escribe "la empresa de usted" y en España usan el adjetivo posesivo "su".

- En Argentina dicen "prender la computadora"; en España dicen "abrir o encender el ordenador".

- En México dicen "oriente" o "este" (punto cardinal); en España dicen sólo "este".

- En México dicen "boleto"; en España dicen "billete" o "tíquet".

7 Palabras entrecruzadas

Completa este crucigrama.

Rodrigo, revise el vocabulario de la unidad 2 y...

Verticales:

1. En México y Argentina dicen "pizarrón", en España...

2. En Hispanoamérica y España dicen oficina pero en Hispanoamérica nunca dicen...

3. En Argentina y México dicen "computador" o "computadora", en España...

4. En México se llama "camión" y en Argentina "colectivo", en España...

Horizontales:

1. En México dicen "lapicera", en España...

2. En México los documentos están en el "archivero", en España están en el...

3. En México y Argentina dicen "baño", en España...

4. En México dicen "elevador", en España...

5. En México y Argentina dicen "mouse", en España dicen...

¿Dónde está la oficina?

¿A qué se dedica usted?

En esta unidad aprendes a...

■ **Describir el carácter de las personas**
Es una mujer creativa y dinámica.

■ **Hablar de actividades habituales de las personas y de las empresas relacionadas con el presente**
Llego a la oficina, organizo la agenda...
Estamos discutiendo las nuevas estrategias.
La compañía está organizando una red de ventas.

■ **Ordenar el discurso en el tiempo**
Primero...
A continuación...

■ **Hablar de las acciones habituales y su frecuencia**
Siempre.
Casi siempre.
A veces.

■ **Presentar información contrastándola**
Pero...
En cambio...

unidad 3

¿A qué se dedica usted?

1. Una jefa ideal

1.1. Escucha la descripción de esta jefa ideal.

[11]

1.2. Lee la siguiente lista y vuelve a escuchar la audición. Marca con una cruz las actividades que hace la jefa ideal, según la audición.

☐ Trabaja todo el día	☐ Come con sus colaboradores
☐ Controla a sus empleados	☐ Prepara con detalle las reuniones
☐ Revisa el trabajo de sus empleados	☐ Interrumpe en las reuniones
☐ Habla con los empleados	☐ Participa en las actividades sociales
☐ Escribe cartas	☐ Organiza seminarios
☐ Vive en el centro de la ciudad	☐ Lee mucho
☐ No escucha	☐ Escucha música

1.3. Lee otra vez la lista. Escribe los infinitivos de los verbos que aparecen en la columna correcta.

Terminaciones del infinitivo:

-ar	-er	-ir

1.4. **Lee el texto de la audición y observa cómo se describe a una persona. ¿Qué adjetivos se utilizan? Subráyalos.**

Mi jefa ideal, me preguntas cómo me imagino a mi jefa ideal. Bien, pues mi jefa es... Es una mujer joven y dinámica. Es una mujer sensible, formal, es trabajadora, es espontánea... No sé. Lo más importante es el carácter para mí, bueno... también su forma de trabajar. Mi jefa ideal trabaja todo el día, habla con los empleados, come con sus colaboradores, prepara con detalle las reuniones, participa en las actividades sociales de la empresa... Y fuera del trabajo... Lee, lee mucho, escucha música y vive en el centro de la ciudad. No sé, es una persona sencilla y cordial.

1.5. **Con tu compañero escribe una descripción de "Tu jefe/jefa ideal" utilizando los adjetivos señalados. Si necesitas otros, búscalos en el diccionario.**

1.6. **Comenta con tus compañeros las diferencias entre tu jefe/jefa ideal y tu jefe/jefa real.**

Ejemplo: ▶ Mi jefe ideal es... En cambio, mi jefe real es...

2. Un día normal en el trabajo

2.1. **Lee las siguientes frases.**

Identifica los verbos, ¿sabes lo que significan? Intenta primero deducir su significado, después, pregunta a tu profesor o consulta el diccionario.

- Abrir el correo electrónico
- Llegar a la oficina
- Organizar la agenda
- Preparar la reunión
- Recibir visitas

- Comer con los compañeros
- Discutir en las reuniones
- Contestar los mensajes electrónicos
- Tomar café
- Llamar por teléfono

2.2. **¿Qué haces en tu trabajo un día normal? Completa la tabla de la página siguiente y pregunta a dos de tus compañeros. Utiliza los verbos del apartado 2.1.**

Estas palabras sirven para ordenar el discurso en el tiempo.

- Primero...
- A continuación...
- Luego...
- Después...

- Más tarde...
- Un poco más tarde...
- Seguidamente...
- Por último...

Cuándo	yo	....	....
Primero			
A continuación			
Luego			
Después			
Más tarde			
Un poco más tarde			
Seguidamente			
Por último			

3. Un día en la vida de...

3.1. Lee el texto siguiente.

> María Botín casi nunca llega tarde al trabajo. Cuando está en su despacho siempre abre el correo electrónico y organiza su agenda. Casi siempre recibe visitas y toma café con ellas en la cafetería de la empresa. En las reuniones casi nunca interrumpe, siempre escucha con atención a sus compañeros y pocas veces discute. A veces come con los empleados y nunca participa en las actividades sociales de la empresa. Pocas veces asiste a seminarios, pero lee mucho sobre temas específicos de su trabajo.

3.2. Subraya los verbos y las expresiones de frecuencia que aparecen en la lectura anterior (si puedes, hazlo con colores diferentes o marca los verbos con una línea de puntos).

3.3. Relaciona la información de las dos columnas después de leer el texto.

Llegar tarde ·

Abrir el correo electrónico ·

Organizar su agenda ·   · Siempre

Recibir visitas ·

Tomar café con las visitas ·   · Casi siempre

Interrumpir en las reuniones ·   · A veces

Escuchar a sus compañeros ·

Discutir ·   · Pocas veces

Comer con los empleados ·   · Casi nunca

Participar en las actividades sociales ·   · Nunca

Asistir a seminarios ·

3.4. Pregunta a dos compañeros qué acciones realizan un día normal.

Prepara y escribe las preguntas en la columna de "Pregunta". Completa el cuadro siguiente con la información que recibas de tus compañeros. ¡No olvides escribir los nombres en las casillas correspondientes!

Ejemplo: **Tú:** Ángel, ¿asistes a seminarios?
              Ángel: Yo, pocas veces.
              Tú: Y tú, Rebeca, ¿asistes a seminarios?
              Rebeca: Yo sí, yo voy a veces, asisto a dos o tres seminarios al año.

 En el ejemplo, tú preguntas a Ángel y a Rebeca que están juntos, por eso te diriges a Rebeca con "y tú". Por el mismo motivo, Ángel responde con el pronombre "yo", identificándose en el grupo de tres.

Pregunta	Siempre	Casi siempre	A veces	Pocas veces	Casi nunca	Nunca
¿Asistes a seminarios?			Rebeca	Ángel		

3.5. Ahora haz un resumen de los resultados para exponer al resto de la clase pero sin decir de quién se trata. Los demás deben averiguar el nombre de la persona a la que te refieres.

4. ¿Cómo son?

4.1. ¿Recuerdas las descripciones de "Una jefa ideal"?

[12] Escucha los resultados de un estudio realizado por *Signo3* que transmiten por la radio. El estudio informa sobre la relación que existe entre algunas profesiones y la personalidad de los profesionales.

4.2. Según el estudio de *Signo3*, ¿las siguientes afirmaciones son verdaderas o falsas? Lee primero las afirmaciones, después, escucha de nuevo la audición. Cambia los adjetivos que no correspondan a la información del estudio.

	verdadero	falso

1. Ángel es publicitario, es un hombre muy creativo y dinámico.

2. Carmen es informática de la empresa *Software Klim*. Es una mujer organizada y comunicativa.

3. Mario es abogado. Es reflexivo y trabajador.

4. Pilar es arquitecta, trabaja en la empresa *Construluz*. Es una persona pragmática, precisa e innovadora.

5. Ricardo es ingeniero y trabaja en *Nueva Ingeniería S.A.* Es analítico y responsable.

 4.3. **Relaciona los adjetivos anteriores con su significado.**

Creativo ·	· hace todo muy exactamente
Dinámico ·	· con gran capacidad de hacerse cargo de los asuntos
Organizado ·	· con espíritu práctico
Comunicativo ·	· con capacidad de creación
Reflexivo ·	· con dinamismo
Trabajador ·	· hace cosas nuevas
Pragmático ·	· trabaja mucho
Analítico ·	· con gran capacidad de análisis
Responsable ·	· con gran capacidad de comunicar
Preciso ·	· actúa con reflexión
Innovador ·	· con gran capacidad para organizar

 4.4. **Comprueba con tu compañero los resultados.**

5. ¿Qué están haciendo?

 5.1. **Observa las fotos. Comentad entre todos qué hacen las personas de las fotos.**

a.

b.

c.

e.

d.

[13]

5.2. Escucha los siguientes diálogos. Relaciona cada diálogo con la foto y escribe en el recuadro el número correspondiente

6. ¿Qué están haciendo las empresas españolas?

6.1. Alicia Adorno está en su oficina, leyendo el periódico. Ve unos logotipos y no conoce las empresas.

Ayudad a Alicia a relacionar los "logos" con las actividades de cada empresa. Vosotros lo tenéis más fácil porque al lado de cada "logo" hay una pista de lo que hacen las empresas.

Escribid debajo de cada "logo" lo que están realizando actualmente estas compañías.

> 3 • Elaborar cava en Cataluña y Chile.
> 4 • Firmar alianzas con *WorldCom*.
> 1 • Potenciar la cultura a través de la editorial *Centro de Estudios Ramón Areces S. A.*
> 2 • Volar a los cinco continentes.
> 3 • Vender más de 8 millones de botellas en el mercado de EE. UU.
> 1 • Organizar una red de ventas propia en Gran Bretaña.
> 1 • Abrir nuevas tiendas.
> 2 • Potenciar sus agencias de viaje.
> 4 • Ofrecer servicio a 35,5 millones de clientes en España e Iberoamérica.
> 3 • Exportar a más de 117 países.

1

Ejemplo: El Corte Inglés está potenciando sus

agencias de viaje.

2

oneworld

IBERIA IB

3

Freixenet

4

Telefonica

@

6.2. Comparad vuestras respuestas.

6.3. En grupos de tres, preparad una pequeña presentación de una empresa de vuestro país sobre la actividad actual de esa empresa. Cuanta más información gráfica podáis aportar, más clara quedará vuestra presentación.

7. ¿Cuánto ganan los españoles? (1)

7.1. Alicia lee ahora en el periódico los resultados de un informe elaborado por la consultora *DNA Servicios Empresariales,* **sobre los salarios brutos anuales de diferentes puestos de trabajo en España.**

Completa el cuadro preguntando a tu compañero (él tiene la información que a ti te falta).

Ejemplo: ¿Cuánto cobra/gana un/una...? / ¿Cuál es el salario de un/una...?

Alumno A

Mantenimiento e ingeniería	Mínimo	Media	Máximo
Jefe de equipo		€ 22.223	€ 28.480
Mecánico	€ 11.643		
Delineante		€ 19.534	€ 23.033
Técnico de laboratorio	€ 15.166		
Ingeniero superior (sin experiencia)		€ 20.678	€ 39.366

Desarrollo de recursos humanos	Mínimo	Media	Máximo
Responsable de selección	€ 26.745		
Responsable de formación		€ 38.823	
Responsable de salarios		€ 42.100	€ 66.222
Jefe de recursos humanos	€ 33.802		€ 43.276

Marketing	Mínimo	Media	Máximo
Jefe de producto		€ 36.544	€ 58.130

Otros	Mínimo	Media	Máximo
Telefonista/recepcionista bilingüe			
Telefonista/recepcionista no bilingüe	€ 11.555	€ 14.290	€ 16.522

Alumno B

Mantenimiento e ingeniería	Mínimo	Media	Máximo
Jefe de equipo	€ 14.646		
Mecánico		€ 18.540	€ 29.100
Delineante	€ 8.267		
Técnico de laboratorio		€ 25.210	€ 29.415
Ingeniero superior (sin experiencia)	€ 13.200		

Desarrollo de recursos humanos	Mínimo	Media	Máximo
Responsable de selección		€ 34.356	€ 39.286
Responsable de formación	€ 20.465		€ 75.870
Responsable de salarios	€ 33.473		
Jefe de recursos humanos		€ 39.184	

Marketing	Mínimo	Media	Máximo
Jefe de producto	€ 24.000		

Otros	Mínimo	Media	Máximo
Telefonista/recepcionista bilingüe	€ 12.833	€ 14.846	€ 19.296
Telefonista/recepcionista no bilingüe			

 7.2. ¿Cuánto se gana en tu país en puestos similares? Coméntalo con tus compañeros. Pero antes presta atención:

▶ En Italia, un responsable de selección de recursos humanos gana aproximadamente lo mismo que en España.

▷ Pues en Japón gana entre... y...

Y también:
▶ Una secretaria gana **aproximadamente** € 18.000.

▷ Un jefe de equipo gana **entre** € 30.000 **y** € 36.000.

▶ En España se gana **lo mismo que en** Francia.

¿A qué se dedica usted?

8. ¿Cuánto ganan los españoles? (2)

8.1. Alicia está escuchando el informativo de Radio-Economía. Hoy están hablando sobre los ingresos de diferentes puestos de trabajo en el sector de ventas y en contabilidad y finanzas.

Primero, lee la información de la tabla siguiente.

puesto de trabajo	mínimo	máximo
Jefe de ventas	€ 27.869	
Comercial		€ 40.812
Jefe de contabilidad y finanzas	€ 22.875	
Técnico contable		€ 25.675
Oficial administrativo	€ 10.870	
Auxiliar administrativo		€ 15.105

[14]

8.2. Escucha con atención y anota las cifras del salario mínimo y máximo que faltan.

9. Están buscando...

9.1. Alicia está leyendo la sección de *Ofertas* de trabajo del periódico. Léelas tú también:

DIRECTOR DEL DEPARTAMENTO DE INFORMÁTICA

Planificador y con dotes de organización. Analítico, crítico, práctico y resolutivo.

Agentes comerciales

Buscamos profesionales con las siguientes características: emprendedor, dinámico, sociable, ambicioso y con ganas de trabajar.

Publicitario

BUSCAMOS una persona con iniciativa, creatividad y gran capacidad de trabajo.

Con excelentes dotes de comunicación y con don de gentes.

Secretaria de dirección

Se busca una persona responsable, con capacidad de trabajar de forma organizada y metódica. Se valora experiencia.

Jefe de formación de recursos humanos

El puesto requiere experiencia, una gran capacidad de trabajo y de análisis.

Facilidad de relación interpersonal.

9.2. Agrupa las expresiones y palabras en los siguientes apartados:

Referencias al contacto y a la relación con las personas	Referencias al trabajo y a la organización	Referencias a una persona con ideas y fuerza

9.3. ¿Coinciden tus resultados con los de tus compañeros? Tienes que argumentar tus decisiones.

- con experiencia
- dotes de
- don de
- facilidad de

- capacidad de/ para
- acostumbrado a
- ganas de

9.4. Completad el siguiente anuncio. Si necesitáis ayuda, podéis consultar el cuadro que está debajo del anuncio.

Importante empresa en expansión desea incorporar

DIRECTOR DE PERSONAL Y RR.HH.

Buscamos:

- Una persona dinámica y .... **(a)** dirigir equipos de trabajo.
- Con .... **(b)** de más de cinco años en Recursos Humanos.
- Con .... **(c)** organización y gran .... **(d)** negociación y comunicación.
- Con .... **(e)** gentes y .... **(f)** relación interpersonal.

don de • capacidad de • experiencia • facilidad de • acostumbrada a • dotes de

10. Preposiciones

Elige la opción correcta.

1. Controla *(a, en)* .... sus empleados.

2. Habla *(en, con)* .... sus colaboradores.

3. Vive *(en, con)* .... el centro de la ciudad.

4. Participa *(a, en)* .... las actividades sociales.

5. Escucha *(en, con)* .... atención.

6. Exporta *(a, con)* .... muchos países.

7. Interrumpe *(a, en)* .... las reuniones.

8. Come *(a, con)* .... sus empleados.

11. Escribe

11.1. Trabajáis en el departamento de personal de la empresa Freixenet. Estáis buscando un Jefe de producto.

Redactad el anuncio de la oferta de empleo para la empresa Freixenet.

Preparad vuestro trabajo para exponer en clase.

11.2. Colocad todos los anuncios por la clase. ¿Cuál es el mejor? ¿A quién le gustaría trabajar para Freixenet? Votad al mejor candidato.

12. Diferencias culturales

El empleado multinacional

12.1. Observa los adjetivos, ¿conoces su significado? Si tienes dudas, consulta a tu compañero, profesor o ayúdate con el diccionario.

Ser

- diplomático
- preciso
- humilde
- honesto

- educado
- trabajador
- puntual
- formal

- creativo
- flexible
- espontáneo
- pragmático

Estar

- preparado
- cansado
- estresado

- enfadado
- capacitado
- acostumbrado

- concentrado
- contento
- desconcentrado

12.2. Completa la tabla con los adjetivos que consideras que definen el carácter del empleado multinacional de cada país. Podéis añadir las nacionalidades de los estudiantes que tenéis en vuestra clase.

Nacionalidad	*es...*	*está...*
francés		
español		
holandés		
alemán		
italiano		
estadounidense		
japonés		
danés		
británico		

12.3. Comentad en grupos las diferencias.

Ejemplo:

▶ El español es trabajador y puntual, pero está descontento con su sueldo. **En cambio**, el japonés es... y está...

▷ **Pues yo creo que** el español es...

13. Lectura

13.1. Lee el siguiente texto.

El adicto al trabajo

Jorge Martínez, el jefe de la fábrica de Motores S.L., es un trabajoadicto.

Es el primero que entra en la fábrica y el último que sale. Come un bocadillo en su despacho, se lleva trabajo a casa los fines de semana. Libro que lee, película de televisión que ve, periódico que hojea... todo es una fuente de ideas para su trabajo. Jorge Martínez está contento con su trabajo. Disfruta. Está obsesionado con las cifras de producción, con la calidad, con la reducción de costes, con la mejora de los métodos de fabricación...

Sólo tiene tiempo para el trabajo. La familia, los hijos, los amigos y el tiempo libre están después de las 24 horas y los 365 días que dedica al trabajo. "Lo primero es lo primero", piensa y repite a su familia, a sus amigos y a él mismo.

13.2. Completa la siguiente tabla. Lee de nuevo el texto y fíjate en aquellas palabras que te impiden acercarte al sentido general del texto. Trabaja como mucho con quince palabras nuevas.

Palabras ya conocidas para recordar	Palabras nuevas	Significado
....	....	....
....	....	....
....	....	....
....	....	....
....	....	....
....	....	....
....	....	....
....	....	....
....	....	....
....	....	....
....	....	....

Tarea final

Un equipo de trabajo ideal

 1. En grupos de 3, pensad en un equipo de trabajo ideal en el que participéis los 3. Decidid los datos siguientes:

Nombre de la empresa:

Dedicada a:

■ Departamento de:

■ Número de personas que componen el departamento:

Descripción del puesto de cada uno de vosotros:

1. ....
2. ....
3. ....

Perfil de cada uno de vosotros:

1. ....
2. ....
3. ....

Valor añadido que aporta cada uno al equipo:

1. ....
2. ....
3. ....

Sueldo:

1. ....
2. ....
3. ....

 2. Presentad vuestro proyecto al resto de la clase. Decidid cuál es el mejor. Podéis hacer preguntas para aclarar dudas. Debéis argumentar vuestra decisión.

1

Rodrigo Dos Santos llega a Buenos Aires.
Toma un taxi para ir a la empresa. En el taxi está leyendo la sección de clasificados del periódico *La Nación*. Ve el anuncio de su empresa para buscar un delegado en Argentina. Éste es el anuncio que Rodrigo lee:

Importante empresa brasileña
dedicada a la formación de ejecutivos busca:

Gerente

- Preferiblemente porteño.
- Con capacidad para desarrollar proyectos y realizar tareas de atención a clientes.
- Con experiencia en coordinación de eventos.
- Con excelente manejo de las relaciones interpersonales.
- Muy buenos conocimientos de portugués y castellano y de computación.

Enviar CV y foto urgente, sin omitir remuneración pretendida a:
Plaça Pio X, n° 5 Centro. Río de Janeiro. RJ/CEP 20040-020

Rodrigo recuerda la unidad 3 de su curso de español. Ahora ve algunas diferencias entre este anuncio escrito por su secretaria argentina, Esmeralda, y los anuncios de su libro de español.

¿Podéis ayudar a Rodrigo a encontrar las diferencias? El profesor os puede echar una mano.

¿En tu país se exige el mismo tipo de requisitos?

2

Rodrigo sigue en el taxi. El taxista le recomienda visitar los siguientes lugares:

Foto: 1

Foto: 3

Foto: 2

Foto: 4

Lee los siguientes textos que explican cómo son estos lugares.

A El local abre sus puertas en 1858. Actualmente es visita obligada para todos los turistas pero pocos bonaerenses son clientes habituales.

Desde 1888 conserva el mismo estilo. En él hay: una biblioteca, sala de lectura, sala de juegos, una bodega habilitada para espectáculos de jazz, múltiples obras de arte donadas por las familias relacionadas con la historia del local.

B Está en el barrio de la Boca, área profundamente italiana, situado cerca del río. Son típicas sus casas bajas, de madera y pintadas de vivos colores.

Aquí, los turistas pueden visitar muchos talleres de pintores y escultores y descubrir la magia del tango Caminito de Juan de Dios Filiberto.

C Hoy es zona de Preservación Histórica. En ella están las tanguerías más típicas donde el tango habla de nostalgias y melancolías acompañado por el bandoneón, un tipo de acordeón con forma cuadrada. En los patios de sus casas están los mejores anticuarios de la ciudad que los domingos organizan ventas en la Plaza Dorrego y donde es frecuente oír tanguistas y poetas callejeros.

D Es muy española: muchos "gallegos" (como en Argentina llaman a todos los españoles) viven en ella. En uno de sus extremos está el Congreso y en el otro la Casa Rosada o Casa del Gobierno. En el número 829 está el Café Tortoni. La Avenida 9 de Julio, la avenida más ancha del mundo (134 metros de ancho), cruza esta histórica avenida.

Relaciona cada lectura con la foto.

Foto: 1 Foto: 2 Foto: 3 Foto: 4

3 **"Argentina desde el aire: ocio y aventura"**

Pablo Daniel Galán, director de marketing de Argentina desde el aire: ocio y aventura, está esperando a Rodrigo Dos Santos. Rodrigo llega a la oficina de la compañía para discutir la futura colaboración entre las dos empresas.
A continuación el señor Galán, en la sala de reuniones...

[15]

Escucha la siguiente presentación.

Comentad los objetivos que plantea Pablo Daniel Galán. ¿Qué pretenden descubrir los cursos de Rodrigo Dos Santos?

Organizarse en la empresa

En esta unidad aprendes a...

■ **Preguntar por la hora y responder**
- ▶ ¿Qué hora es?
- ▷ Es la una.
- ▷ Son las doce y cuarto.

■ **Preguntar por horarios**
- ¿A qué hora abre / cierra la tienda?
- ¿A qué hora empiezas a trabajar?

■ **Expresar los periodos del día**
- Por la mañana, por la tarde...

■ **Describir el organigrama de la empresa**
- En mi empresa hay 7 departamentos...

■ **Describir las responsabilidades en la empresa**
- Soy responsable de...
- Me ocupo / encargo de...
- Tengo que...

■ **Concertar una cita**
- ¿Tienes / tiene libre el jueves por al mañana?
- ¿Puedes el jueves a las 8?

unidad 4

Organizarse en la empresa

1. ¿Qué hora es?

1.1. Mira atentamente la información del cuadro.

en punto   y cuarto   y media   y diez   menos cuarto   menos veinte

Es la una.

Son las dos.

1.2. Escribe junto a cada reloj la hora correcta.

1. Son las doce en punto.

2.

3.

4.

5.

6.

7.

8.

9.

10.

11.

12.

2. ¿La hora digital?

 [16] **2.1.** Escucha con atención los diálogos.

 2.2. Escucha otra vez y dibuja las horas en los relojes.

 La hora digital
¿Cuándo se usa la hora digital?

Usted oye: "22 horas 40 minutos". ¡Claro!, está en una estación, en un aeropuerto... o está hablando por teléfono con la recepcionista de un hotel o escuchando el servicio de información horaria telefónica.
Pero para responder en la calle, ¡recuerde!: no use la información digital. Ante la pregunta: "¿Qué hora es?", responda simplemente: "Son las once menos veinte".

3. ¿A qué hora abre...?

 3.1. Fíjate en la hora de los relojes y completa las frases que tienes debajo, preguntando a tu compañero.

Ejemplo: ¿A qué hora abre/ abren...? / ¿A qué hora cierra/ cierran...?

Alumno A

Los bancos abren a las .... de la mañana.

Los bancos cierran a las .... de la tarde.

Por la mañana, las cuatro Bolsas españolas abren a las

Las cuatro Bolsas españolas cierran a mediodía, a las
....

Los restaurantes, a mediodía, abren a la

Los restaurantes, por la noche, abren a las ....

Correos cierra a mediodía a las

Correos abre por la mañana a las ....

Por la mañana, la farmacia abre a las

Por la tarde, la farmacia cierra a las ....

La cafetería de la empresa cierra a las .... de la noche.

La cafetería de la empresa abre a las .... de la mañana.

Alumno B

Los bancos cierran a las _____ de la tarde.

Los bancos abren a las _____ de la mañana.

Los restaurantes, por la noche, abren a las _____

Los restaurantes, a mediodía, abren a las _____.

Por la tarde, la farmacia cierra a las _____

Por la mañana la farmacia abre a las _____.

Las cuatro Bolsas españolas cierran a mediodía, a las _____

Por la mañana, las cuatro Bolsas españolas abren a las _____.

Correos abre por la mañana a las _____

Correos cierra a mediodía a las _____.

La cafetería de la empresa abre a las _____ de la mañana.

La cafetería de la empresa cierra a las _____ de la noche.

3.2. **Relaciona las frases con los relojes y complétalas.**

Para decir las horas:
- ... de la mañana.
- ... del mediodía.
- ... de la tarde.
- ... de la noche.

Para indicar una parte del día:
- Por la mañana.
- A mediodía.
- Por la tarde.
- Por la noche.

☐ 1. Los bancos cierran a las _____ de _____.
☐ 2. Los restaurantes, por _____, abren a las _____.
☐ 3. Por _____, la farmacia cierra a las _____.
☐ 4. Las cuatro Bolsas españolas cierran a _____, a las _____.
☐ 5. Correos abre por _____, a las _____.
☐ 6. La cafetería de la empresa abre a las _____ de _____.
☐ 7. Los bancos abren a las _____ de _____.
☐ 8. Los restaurantes, a _____ abren a la _____.
☐ 9. Por _____, la farmacia abre a las _____.
☐ 10. Por _____, las cuatro Bolsas españolas abren a las _____.
☐ 11. Correos cierra a _____ a las _____.
☐ 12. La cafetería de la empresa cierra a las _____ de _____.

a)

c)

d)

b)

f)

e)

g)

h)

i)

j)

4. El organigrama

El Sr. Baner quiere conocer a los directores de los departamentos de *Elecnes-España*. La Sra. Jiménez, directora de finanzas, le dice quiénes son.

 4.1. Observa el organigrama para conocer la organización de *Elecnes*.

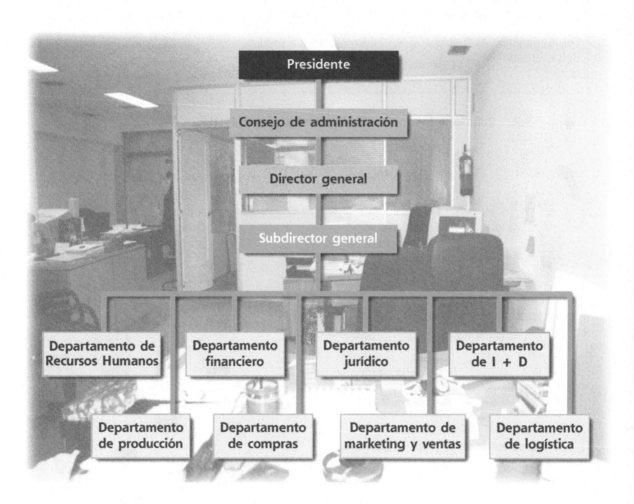

[17]

4.2. Escucha al Sr. Baner y a la Sra. Jiménez. Anota los datos que faltan en la siguiente tabla.

Departamento	Director o directora	Empleados
Financiero	Sra. Jiménez	
	Luis Gomis	
	Ana Castillo	
	Juan Romerro	35
	José Pinto	23
	Sr. Losantos	
	Rosa Castro	
	María Jesús García	4

4.3. Dibuja el organigrama de tu empresa.

4.4. Presenta a tus compañeros la organización de tu empresa. Toma nota de la de tus compañeros y pregunta la información que necesites.

Ejemplo:

- ¿Cuántas personas hay en el departamento...?

- ¿Quién es el responsable del departamento...? ¿Quién es el director del departamento...?

▶ En *Elecnes* hay ocho departamentos. En el departamento de marketing y ventas hay 10 personas. En el (departamento) de compras no sé cuántos hay...

5. La agenda

5.1. Las secretarias de Juan Romero y Ana Castillo quieren concertar una cita. Lee una de las agendas y tu compañero otra.

Alumno A

🕘	Lunes	Martes	Miércoles	Jueves	Viernes
9:00	Reunirse con Sr. Baner			Viaje a Santander	Visitar a Contar, S.A.
10:00			Entrevistar al nuevo técnico		
11:00					
12:00					
13:00					Almorzar con Sra. Fuentes
14:00	Partido tenis con Luis	Comida con Sra. Castro y Sra. Jiménez			
15:00			Natación	Llegar oficina	
16:00				Cerrar actas reunión Santander	
17:00	Revisar cifras de producción del LZ-33				
18:00			Aeropuerto: Santander		
19:00	Cita con sus padres		Cine con José y Ana		

Alumno B

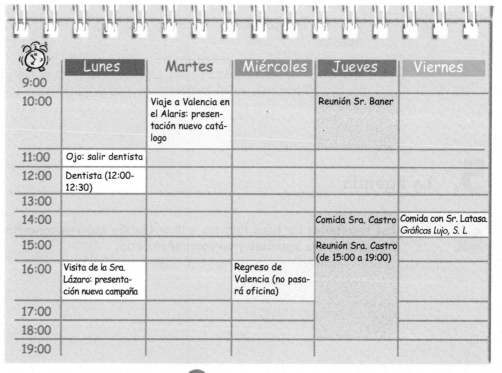

🕘	Lunes	Martes	Miércoles	Jueves	Viernes
9:00					
10:00		Viaje a Valencia en el Alaris: presentación nuevo catálogo		Reunión Sr. Baner	
11:00	Ojo: salir dentista				
12:00	Dentista (12:00-12:30)				
13:00					
14:00				Comida Sra. Castro	Comida con Sr. Latasa. Gráficas Lujo, S. L.
15:00				Reunión Sra. Castro (de 15:00 a 19:00)	
16:00	Visita de la Sra. Lázaro: presentación nueva campaña		Regreso de Valencia (no pasará oficina)		
17:00					
18:00					
19:00					

5.2. Concertad una cita entre Ana Castillo y Juan Romero.

Ejemplo:

> ► ¿Puede el jueves a las ocho de la mañana?
>
> ▷ No, el jueves llega a las tres de la tarde de Santander.
>
> ► ¿Y el viernes, tiene libre el viernes a las ocho?

6. Mi agenda de trabajo

6.1. Escribe en tu agenda lo que haces normalmente cada día. Marca también el mes.

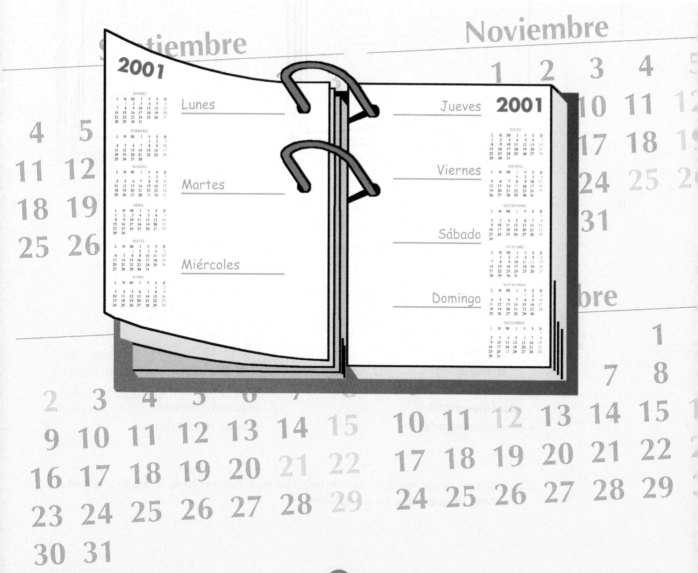

6.2. **Explica a tu compañero lo que haces cada día. Anota lo que hace tu compañero.**

Mi compañero: Nombre ....

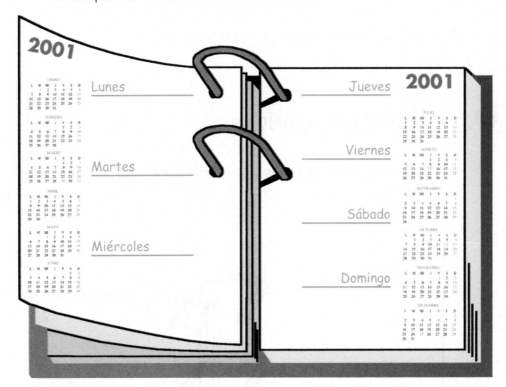

Ejemplo:

- ¿A qué hora empiezas a trabajar?
- ¿Qué haces normalmente los jueves por la mañana?

hacer

yo	hago
tú	haces
él-ella-usted	hace
nosotros-nosotras	hacemos
vosotros-vosotras	hacéis
ellos-ellas-ustedes	hacen

empezar

yo	empiezo
tú	empiezas
él-ella-usted	empieza
nosotros-nosotras	empezamos
vosotros-vosotras	empezáis
ellos-ellas-ustedes	empiezan

6.3. **Haz un resumen con la información que has recibido y explica a toda la clase lo que hace tu compañero.**

7. ¿Qué día es hoy?

7.1. **Lee el siguiente diálogo y completa la tabla. Decide qué día de la semana es hoy.**

▶ Hoy a mediodía como con el delegado de Galicia y mañana tengo que ir a Barcelona para ver cómo van las ventas en esa zona.

▷ ¿Mañana jueves? Pero si tienes que hablar con el Sr. Garzón.

▶ No, no. Con el Sr. Garzón **me reúno** pasado mañana, el viernes por la mañana, el mismo día de la visita de los empresarios brasileños.

▷ ¡Ah! Esta tarde yo hablo con el representante de los empresarios brasileños para comentar la reunión de anteayer lunes. Si quieres, **me encargo** de transmitirles la agenda para el viernes.

▶ Por cierto, sobre esa reunión del lunes, quiero hablar tranquilamente contigo. Podemos cenar esta noche juntos.

▷ De acuerdo. Entonces, esta noche hablamos también del seminario de ayer martes.

Lunes	Martes	Miércoles	Jueves	Viernes

Para preguntar por la fecha o por el día de la semana se dice:

• ¿A cuántos estamos (hoy)?

• ¿Qué día es hoy?

Encargarse y reunirse:

• **me reúno con** + *alguien* = tengo una reunión con...
• **me encargo de** + *algo* = soy responsable de...

7.2. **¿Coinciden tus resultados con los de tu compañero?**

7.3. **Ahora anota encima de cada día la referencia temporal, según el diálogo. Fíjate en el ejemplo.**

Lunes	Martes	Miércoles	*Mañana* Jueves	Viernes

8. Entrevistas

8.1. Completa las transcripciones de las entrevistas con los verbos que faltan. Fíjate bien en las formas.

Encargarse

Tener que   Ocuparse

Reunirse

Entrevista 1

► ¿Vd, qué cargo tiene en su empresa y cuáles son sus responsabilidades?

▷ Bien, soy la directora de recursos humanos. En mi departamento **(a)** .... de la **contratación** del personal nuevo: **(b)** .... controlar el proceso de **selección** desde su **comienzo**, desde la **publicación** del anuncio, hasta la **supervisión** de los curricula...

► ¿Llevan ustedes mismos las entrevistas o lo hace el personal técnico de cada departamento?

▷ La primera parte del proceso de selección, nosotros. Después, los jefes o directores de departamento entrevistan a los candidatos para obtener información técnica más precisa.

► ¿De qué otros aspectos **(c)** ....?

▷ Yo **(d)** .... también de la formación del personal. Para ello contratamos cursos específicos o diseñamos cursos a medida.

Entrevista 2

► Usted es el director del departamento de I + D (Investigación y Desarrollo) en *Elecness*, ¿de qué **(e)** ....?

▷ Pues, por ejemplo, **(f)** .... dirigir los procesos de investigación de los nuevos **productos**, también **(g)** .... trabajar estrechamente con el departamento de **producción** y de marketing en todos los procesos, los directores de los tres departamentos **(h)** .... con frecuencia para estar coordinados. Nuestro trabajo es mejorar y adaptar los productos a las necesidades del mercado...

En la actividad anterior hemos aprendido **me encargo** y **me reúno** para la primera persona singular, ahora necesitas:

- **se ocupa** para la tercera persona singular.
- **nos reunimos** para la primera persona plural.

8.2. Vuelve a leer las entrevistas y fíjate en las palabras en negrita. ¿A qué verbos pertenecen?

Sustantivo	*Verbo*

9. Preposiciones

9.1. ¿Recuerdas la preposición?

1 ¿Cuántos empleados hay .... el departamento .... ventas?

☐ **a)** de / de   ☐ **b)** en / de   ☐ **c)** con / a

2 .... la mañana reviso los pedidos de los clientes.

☐ **a)** a   ☐ **b)** de   ☐ **c)** por

3 Vosotros sois responsables .... la gestión de los clientes.

☐ **a)** en   ☐ **b)** de   ☐ **c)** con

4 El director general se quiere reunir hoy .... la mañana................ los directores de todos los departamentos.

☐ **a)** a / con   ☐ **b)** por / a   ☐ **c)** por /con

5 Tengo poca responsabilidad para mi puesto, sólo me tengo que ocupar .... pasar los informes.

☐ **a)** de   ☐ **b)** para   ☐ **c)** en

10. Escribe

El envío POSTAL EXPRÉS

10.1. Lee el siguiente diálogo y completa el impreso de Correos.

En Cádiz:

▶ Por favor, Jorge, envía este paquete por Postal Exprés.

▷ ¿A quién tengo que enviar el paquete?

▶ A Manuel Salinas, de Oviedo.

▷ Pero Carmen, el Sr. Salinas no vive en Oviedo, vive en Santander.

▶ Sí, es verdad, nos dio su nueva dirección el mes pasado. Es el paseo… Pereda 27.

▷ ¿Sabes el número de teléfono?

▶ Sí, es el 942 41 73 59.

▷ ¿Escribo como remitente el nombre de la empresa?

▶ No, mejor mi dirección particular.

▷ Es la calle Manuel de Falla, número 10, ¿verdad?

▶ Sí, y recuerda que mi apellido es Ezcurra, con zeta y con ce.

▷ Sí, es verdad, siempre lo escribo mal.

▶ ¿Pongo el número de teléfono de casa?

▷ No, el nuevo móvil: 676 78 99 54.

▶ Lo llevaré mañana a Correos.

▷ Muy bien, gracias.

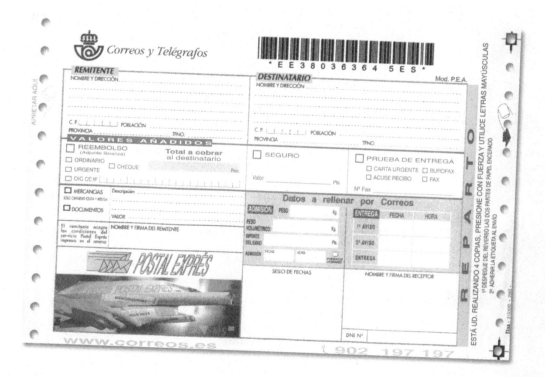

10.2. Lee la siguiente información sobre el envío urgente Postal Exprés. Completa el impreso con los datos que aquí encontrarás.

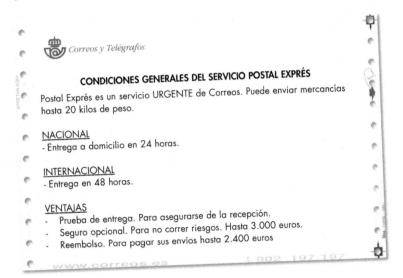

11. Diferencias culturales

El ejecutivo europeo quiere ser alemán

11.1. Lee el siguiente texto. Señala qué afirmación es verdadera o falsa.

- Una cuarta parte de los ejecutivos entrevistados por EBM –*European Business Monitor*– cree que Alemania es el mejor centro de negocios por razones geográficas. Pero, por ejemplo, España prefiere Francia o Gran Bretaña para realizar negocios.

- Los ejecutivos europeos piensan que sus colegas alemanes trabajan mucho, tienen buena educación y formación, usan con eficacia la informática y lideran bien sus equipos.

- Según la encuesta, los británicos son muy internacionales porque su lengua es la lengua de los negocios.

- Españoles y portugueses poseen buena formación. Los ejecutivos italianos saben identificar bien sus objetivos y perseguirlos.

	V	F
1. Los ingleses son muy internacionales.		
2. Los españoles prefieren Gran Bretaña para realizar negocios.		
3. Los alemanes son buenos líderes y buenos usuarios de la informática.		
4. Los italianos tienen formación.		
5. Los portugueses identifican bien sus objetivos.		

11.2. Lee el siguiente cuadro y señala las características que debe tener un ejecutivo. También puedes añadir las que tú creas conveniente.

	Innecesario	Necesario	Muy necesario
Tener buena educación.			
Tener buena formación.			
Trabajar mucho.			
Saber escuchar.			
Comunicarse bien.			
Liderar bien los equipos.			
Trabajar en equipo.			
Saber distribuir el trabajo.			
Dar ejemplo con su conducta profesional.			
Tener visión de futuro.			
Usar eficazmente la informática.			

11.3. ¿Y qué piensan tus compañeros? Pregunta a compañeros de diferentes nacionalidades y anota sus respuestas. Así puedes saber cómo negociar con ellos.

Nacionalidad	Innecesario	Necesario	Muy necesario

12. Lectura

12.1. Lee el siguiente texto.

Las empresas duplican el gasto en formación

La formación continua se está incorporando progresivamente como un elemento esencial en la estrategia empresarial de las compañías españolas.

Esta es una de las principales conclusiones del informe *La formación y el desarrollo de los Recursos Humanos en las empresas españolas y su relación con el empleo: Situación, tendencias y expectativas*, elaborado por la CEOE (Confederación Española de Organizaciones Empresariales).

Durante los años 1993 y 1994 el gasto en acciones formativas pasó del 1% al 2%, sin embargo, éste continúa estando muy alejado de la media de los países de nuestro entorno. Por ejemplo, en Francia, las empresas de 10 trabajadores o más destinaron, en el año 1998, un promedio del 3,27% de la masa salarial bruta a mejorar la cualificación de su capital humano, mientras que en el Reino Unido, la inversión por este capítulo también es significativamente superior.

Cultura empresarial

Los avances también son patentes en lo que se refiere a la implantación de una cultura formativa en la dirección de las empresas. El estudio de CEOE observa que el 88% de las empresas consultadas realizan actividades de formación para sus empleados. En 1993, este porcentaje era únicamente del 27%. Además, el 54% de las compañías consultadas contemplan una partida presupuestaria específica para esta materia, un porcentaje que se eleva al 60% en el caso de empresas con más de 25 empleados. Los sucesivos acuerdos en materia de formación continua suscritos por empresarios y sindicatos tienen una importancia fundamental en la configuración de esta nueva cultura empresarial. Así lo reconocen el 87,5 de los empresarios.

Adaptado de Bruno Pérez, *Gaceta de los Negocios*

12.2. Contesta las siguientes preguntas sin mirar la lectura.

   1 ¿Cuál es la conclusión del informe de la CEOE?

   2 ¿Cuáles son los datos conocidos de Francia?

   3 ¿Qué porcentaje se invierte en España en las empresas de más de 25 empleados?

   4 ¿Qué reconocen el 87,5% de los empresarios?

12.3. Comprobad con vuestros compañeros y con la lectura las respuestas a 12.2.

Tarea final

Del producto a la venta

 1. **Lee atentamente los siguientes datos.**

Productos

- Ropa de moda.
- Accesorios de moda en piel (cinturones, bolsos, carteras, etc.).
- Calzado de moda.
- Artículos de equitación y de caza.

Labores que realizan

- Diseño de los artículos.
- Confección y producción de los mismos.
- Venta y distribución.

Formas de distribución

- Tiendas propias.
- Franquicias.
- Clientes con otros puntos de venta.

Mercado

- Destinado al sector medio/alto de la población tanto masculina como femenina.

- Con un total de 43 tiendas en España: Sevilla (3), Madrid (2), La Coruña, Córdoba, Badajoz (2), Bilbao, Marbella, Alicante, Zaragoza, Granada, Oviedo, León, Barcelona, Las Palmas de Gran Canaria, Santa Cruz de Tenerife, Albacete, Castellón, Soria, Pamplona, Málaga, Valencia, Huelva, Salamanca, Santander, Logroño, Vigo, Valladolid, Gijón, Palma de Mallorca; y 9 tiendas en las terminales de los aeropuertos (Aldeasa) además de 1 Factory en Las Rozas-Madrid.

- En Portugal tienen 4 tiendas y cerca de 100 clientes. Hay 1 tienda en el norte de Francia y 2 de próxima apertura, en París y Bruselas. Para Francia y Bélgica existe, además, un proyecto de expansión (40 tiendas en 6 años). En el resto de Europa cuentan con más de 20 clientes.

- En Japón hay 3 tiendas y varios clientes.

- En Sudamérica hay 2 franquicias, en Panamá y Chile; se están negociando otros puntos de venta.

Facturación

- Facturación año 2000: Del grupo 2100 millones.

- Incremento respecto a años anteriores: De 1999 a 2000 fue de un 10%, de 1998 a 1999 fue de un 25%.

2. Pensad en la organización necesaria para poner en marcha esta empresa, las ocupaciones de cada departamento y el número de personas aproximado. Indicad también el horario de la fábrica, de las oficinas y de las tiendas (no olvidéis que estáis en España).

3. Preparad una presentación con apoyo visual (usad transparencias, pizarra, cañón de diapositivas...) para exponer en el aula vuestra propuesta. Revisad las herramientas lingüísticas que habéis aprendido en la unidad para hacer bien esta tarea.

4. Este es el organigrama de *El caballo*, empresa sevillana dedicada a lo explicado en el apartado 1. Fijaos en su organización y en sus horarios comerciales.

JOSÉ RODRÍGUEZ PINEDA
Director general

DIRECTOR DE ADMINISTRACIÓN Y DE FINANZAS
Puri Trujillo — 8 personas en plantilla

DIRECTOR CONTROL DE GESTIÓN
Isidro Montaño — 30 personas en plantilla

Tiendas propias

SISTEMAS DE INFORMACIÓN
Rafael Acosta — 2 personas en plantilla

DIRECCIÓN DE PRODUCCIÓN Y COMPRAS
Baldomero Pérez — 30 personas en plantilla

Adjunto
Primer jefe de taller

DIRECCIÓN DE PRODUCTO
Reyes Rodríguez — 4 personas en plantilla

Departamento de diseño

DIRECCIÓN DE IMAGEN
Diego Íñiguez — 2 personas en plantilla

DIRECCIÓN COMERCIAL Y DE MARKETING
Carlota Martins — 12 personas en plantilla

Almacén | Ventas

HÍPICA Y CAZA
Tomás Rodríguez — 5 personas en plantilla

HORARIOS: Oficinas: 9 a 20.00h
Fábrica: 7 a 15:00h
Tiendas: 10:30 a 20:30h

- ¿Os falta algún departamento en vuestro organigrama?
- ¿Coincidís en el número de personas dedicada a la empresa y a cada área?
- ¿Son los horarios muy diferentes de los propuestos por vosotros?

1

Tras la primera reunión, Rodrigo Dos Santos y Pablo Daniel Galán comentan la presentación (Recuerda: Lección 3). Rodrigo está satisfecho con la presentación de Pablo Daniel Galán, le gusta el contenido y la personalidad emprendedora de Pablo Daniel. Al final de esta conversación revisan la agenda para los dos próximos días.

[18] **Escucha el fragmento de la conversación.**

2

Rodrigo ha entendido muy bien la conversación pero le ha llamado la atención cómo construyen el presente, cómo hablan de las partes del día, algunas frases...
Ayuda a Rodrigo a refrescar la memoria.
Completa la tabla. Si no lo recuerdas, vuelve a escuchar la conversación.

En la clase de español aprende...	Pablo Daniel Galán dice...
1. • haces	• (a) ....
2. • por la tarde	• (b) ....
3. • mañana por la mañana	• (c) ....
4. • quieres	• (d) ....
5. • empiezas	• (e) ....
6. • tú	• (f) ....
7. • ¿cuándo nos vemos?	• (g) ....
8. • tienes	• (h) ....
9. • empresarios de diferentes sectores	• (i) ....
10. • puedes	• (j) ....

3

Rodrigo llega a su habitación del hotel después de visitar Buenos Aires.
R.D.S. llama por teléfono a México. Quiere hablar con Ligia Noriega, directora de Planeación de Yucatán Salvaje.
Ésta es la conversación. Lee el diálogo.

L: ¿Bueno?
R: Señora Ligia Noriega, por favor.
L: Sí, soy yo, ¿con quién hablo?
R: Soy Rodrigo Dos Santos.
L: ¡Ah! ¡Qué bueno que me llama! Desde antier está en Buenos Aires, ¿no?
R: Sí, sí, y voy a llegar el viernes a México. ¿Podemos tener una reunión en su empresa?
L: ¡Cómo no! ¿Le parece bien el viernes en la mañana?
R: Sí, muy bien. Voy a alquilar un coche para moverme por México.
L: Ah, va a rentar un auto en el aeropuerto, eso está bien. Pues, nos vemos a las 10 en mi oficina.

R: ¿Qué hora es ahora en México?
L: Ahorita , pues.... veinte para las 7.
R: Bien, a ver... hay tres horas menos respecto a Buenos Aires. Perfecto Sra. Noriega. Nos vemos el viernes a las 10h. en su empresa.
L: Bien, así podemos platicar tranquilo sobre el tema.
R: ¡Hasta el viernes!
L: ¡Hasta lueguito!

Rodrigo quiere saber cómo dirían en España...

1. Desde antier está en Buenos Aires.
2. ¡Cómo no!
3. En la mañana.
4. Va a rentar un auto.
5. Ahorita.
6. Veinte para las 7.
7. Platicar.
8. Tranquilo.
9. Hasta lueguito.

De acá y de allá

Rodrigo camino de la Pampa, lee en la revista del avión el siguiente reportaje sobre Argentina.

Después de leerlo piensa que algunos datos son incorrectos. Ayuda a Rodrigo a buscar los 5 gazapos del texto.

Argentina, monarquía federal situada en el extremo meridional de Sudamérica. De norte a sur, Argentina tiene una longitud aproximada de 3300 km, con una anchura máxima de unos 3000 km. El país engloba parte del territorio de Tierra del Fuego, que comprende la mitad oriental de la Isla Grande de Tierra del Fuego y una serie de islas adyacentes situadas al este, entre ellas la isla de los Estados. Argentina tiene una superficie de 2 766 889 km2, contando las islas Malvinas, otras islas dispersas por el Atlántico Sur y una parte de la Antártida. La costa argentina tiene unos 2664 km de longitud.

La capital y la mayor ciudad en tamaño es Buenos Aires (la capital federal), con una población de 2 965 403 habitantes. Si a ello le sumamos la aglomeración denominada 'Gran Buenos Aires' o región metropolitana, la población es de 11 256 496 habitantes.

Aproximadamente el 85% de la población es descendiente de europeos. Oficialmente, el país sigue promoviendo la inmigración europea. Entre 1850 y 1940 llegan a Argentina unos 6 608 700 europeos, predominantemente de origen español e italiano, con importantes cifras de franceses, británicos, alemanes, rusos, polacos, sirios y de otros países suramericanos.

Actualmente, más de una tercera parte de la población vive en Buenos Aires o sus alrededores. El 85% de la población reside en áreas urbanas.

La población estimada de Argentina es de 34 264 000 habitantes, con una densidad de 12 hab/km2 aproximadamente.

El castellano es el idioma oficial, y lo habla la abrumadora mayoría de los argentinos. En algunos lugares siguen hablándose varias lenguas indígenas.

Más del 92% de la población es budista. Se practican también el judaísmo, el protestantismo y otras religiones cristianas y no cristianas, aunque muchas sectas y confesiones están prohibidas.

Argentina es un país con un rico legado cultural español, fuertemente influido desde el siglo XIX por la inmigración europea, fundamentalmente por la belga. Se mantiene un vivo interés por la historia del país, simbolizada especialmente en el gaucho. En el ámbito artístico, la influencia más importante es Alemania. Sólo en el arte popular se ha registrado una importante influencia de las culturas indígenas.

En esta unidad aprendes a...

■ **Describir y comparar**

El hotel Ritz es más antiguo que el hotel Palace.
Este hotel es mucho mejor que aquél.

■ **Solicitar servicios en un hotel por teléfono**

▶ Quisiera un desayuno continental. Añada dos zumos de naranja.
▷ Por favor, ¿puede...?

■ **Preguntar y expresar gustos**

▶ ¿Te gusta/n...?

▶ A mí me gusta/n... ¿Y a ti?
▷ A mí, también / A mí, no.
▶ Yo prefiero...

▶ No me gusta/n...
▷ A mí, tampoco / A mí, sí.

■ **Pedir y conceder permiso**

▶ ¿Puedo pasar?
▷ Adelante. Pase, pase...

■ **Hablar del pasado reciente**

Acabo de tomar café.

■ **Hablar del futuro más próximo**

Voy a tener una reunión.

unidad 5

1. Buscar el hotel adecuado

El señor Azúa va a ir a Barcelona para asistir a la Feria Tecnoturismo.
Su secretaria le presenta diferentes posibilidades de alojamiento.

1.1. Relaciona cada icono con su significado.

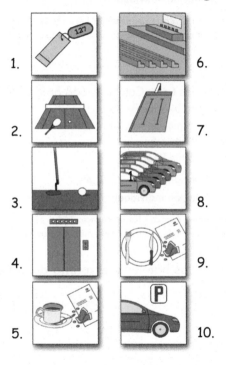

1.
2.
3.
4.
5.
6.
7.
8.
9.
10.

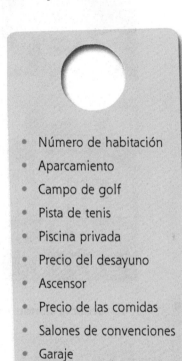

- Número de habitación
- Aparcamiento
- Campo de golf
- Pista de tenis
- Piscina privada
- Precio del desayuno
- Ascensor
- Precio de las comidas
- Salones de convenciones
- Garaje

1.2. ¿Son igual en tu país? Coméntalo con tus compañeros.

1.3. Lee la información sobre cada hotel.

Avenida Palace ★★★★★
Gran Vía de las Corts Catalanes 605, 08007 Barcelona

Número de habitaciones: 229
Precio habitación doble: € 135,2
Precio habitación individual: € 94,6

Céntrico · Zona comercial · Bar · Restaurante
Sala de reuniones · Sauna

Barcelona Hilton ★★★★★

Avda. Diagonal 589-595, 08014 Barcelona

Número de habitaciones: 290
Precio habitación doble: € 180,3
Precio habitación individual: € 150,2

Parking propio · Céntrico · Zona comercial · Lavandería · Bar ·
Restaurante · Sala de reuniones · Sauna

Princesa Sofía ★★★★★

Pza. Pío XII 4, 08028 Barcelona

Número de habitaciones: 505
Precio habitación doble: € 180,3
Precio habitación individual: € 114

Parking propio · Zona residencial · Lavandería · Bar · Restaurante ·
Sala de reuniones · Sauna · Piscina cubierta · Piscina al aire libre

Ritz ★★★★★

Gran Via de las Corts Catalanes 664-668, 08010 Barcelona

Número de habitaciones: 85
Número de Junior Suites: 34
Número de Suites: 5
Número de Suite Real: 1

Precio habitación doble: € 270,4
Precio habitación individual: € 216,3

Parking propio · Céntrico · Room-service: 24 horas · Restaurante especialidad cocina mediterránea · Salón para banquetes y convenciones

1.4. **Observa dónde están situados los hoteles y el recinto de la Feria.**

• Más... que   • Menos... que   • Tan - tanto/s/a/as... como

1.5. **Compara los hoteles utilizando las siguientes estructuras.**

Es + {más / menos / tan} + {tranquilo / caro / antiguo / elegante / bonito / barato / ruidoso / pequeño / agradable} + {que / como}

Está + {más / menos / tan} + {lejos de / cerca de} + {que / como}

Tiene + {más / menos / tanto/s/a/as} + {habitaciones / servicios / Parking} + {que / como}

Ejemplo: El hotel Princesa Sofía está más cerca de la Feria que el hotel Hilton.

1. ....
2. ....
3. ....
4. ....
5. ....

6. ....
7. ....
8. ....
9. ....
10. ....

1.6. **¿Cuál prefieres? Coméntalo con tu compañero y argumenta tu elección.**

Ejemplo: ► Yo prefiero... porque...

2. Sobre hoteles españoles

2.1. Escucha la valoración que hacen de algunos hoteles de España dos españoles.

2.2. Completa los diálogos.

1. ► ¿Conoces los hoteles Rius?

▷ Sí, sí, *(a)* .... cadena está en todas partes, en ciudades grandes, en zonas turísticas... y tiene muy buenos servicios.

2. ► ¿Qué opinas del hotel NH-La Perdiz de Córdoba?

▷ *(b)* .... hotel es perfecto, es precioso, está en el campo pero cerca de la ciudad; es perfecto para una reunión de empresa.

3. ► Mira, tengo información del hotel Ritz de Madrid y del Sol-Meliá de Princesa también en Madrid, ¿a cuál vamos?

▷ Yo creo que *(c)* .... hotel es más barato que *(d)* .... y los servicios son más amplios.

4. ► *(e)* .... hotel de aquí, a la derecha, es un poco viejo.

▷ Sí, sí, *(f)* ...., el hotel de AC, allí, al final de la calle es más moderno.

Nota: NH es una cadena de hoteles muy importante cuyas siglas corresponden a Navarros Hoteles porque su fundador, Antonio Catalán, es navarro. Cuando ya su cadena tenía mucho éxito, la vendió y fundó AC (Antonio Catalán).

"Esta, este, ése, aquél" son las palabras que necesitas para completar el diálogo, pertenecen a los adjetivos y pronombres demostrativos.

2.3. Completa, junto con tus compañeros, la siguiente tabla con las formas de los adjetivos y pronombres demostrativos.

masculino singular	*femenino singular*	*masculino plural*	*femenino plural*
este / éste	esta / ésta		
ese / ése			
aquel / aquél			

3. El parador: un gran hotel

3.1. Lee la descripción que hace un español sobre los Paradores Nacionales. Fíjate en las palabras en color.

Central de Reservas de Paradores
Tlfno: 34 91 516 66 66
Fax: 34 91 516 66 57/58
e-mail: info@parador.es

Los paradores nacionales son una red de hoteles del Estado que están situados en castillos, palacios o paisajes muy bonitos de España. ¡Tienen mucho encanto! El precio de sus restaurantes y servicios es perfecto, la relación calidad precio es muy ajustada. Yo conozco tres y los tres tienen pocas habitaciones, o sea, no hay demasiado ruido y son muy discretos. Un parador es perfecto para hacer reuniones con los equipos de empresa por su tranquilidad y porque tiene muchos salones muy grandes y muy bien equipados. Además, permite hacer muchas actividades de equipo al aire libre ya que están en lugares cerca de la naturaleza, aunque siempre se llega en coche muy fácilmente, alguno tiene incluso campo de golf. Hay mucha demanda de plazas y hay que reservar con mucha antelación. ¡Están muy bien!

- Muy **+** { adjetivo / adverbio }   - Mucho/a/os/as **+** nombre

3.2. Explica a tus compañeros tu estancia en el mejor hotel que conoces. Puedes hablar sobre el lugar, los servicios, el personal, el precio...

4. En el hotel

4.1. Éstas son diferentes situaciones que te pueden pasar en el hotel. Léelas.

1. Estás en el restaurante. Lees la carta y decides qué quieres cenar. Llamas al camarero.
2. El ascensor está muy lleno, llegas a tu piso y tienes que salir del ascensor.
3. No encuentras la caja fuerte de tu habitación para poner unos documentos muy importantes. Llamas a recepción.
4. Cierras la puerta de tu habitación. ¡No! La llave está dentro. Bajas a recepción y pides ayuda.
5. No sabes dónde está la sala de reuniones. En el pasillo preguntas a un empleado del hotel.
6. Quieres cambiar dinero.
7. Llamas al servicio de habitaciones. Deseas desayunar en la habitación.
8. Llegas al hotel. ¿Tienes algún mensaje? Preguntas al recepcionista.
9. Llaman a la puerta de tu habitación. Es el servicio de lavandería.
10. Suena el teléfono. Es una llamada equivocada.

4.2. ¿Qué puedes decir en cada situación? Aquí tienes ayuda, relaciona cada frase con una situación del ejercicio 4.1.

Situación

1 a. ▶ ¡Camarero! **Por favor**, tome nota.

b. ▶ **Adelante. Pase, pase.**

c. ▶ **Quisiera** cambiar estos dólares por euros.

d. ▶ **Quisiera** un desayuno continental. Añada dos zumos de naranja. Gracias.

e. ▶ Ring, ring, ring...

▷ ¿Sr. Azúa?

▶ No, **se equivoca.**

f. ▶ **¿Tiene** algún mensaje para la habitación 205? Sr. Fonts.

g. ▶ **Permítame, por favor.**

h. ▶ **Por favor, ¿puede** decirme dónde está la sala de reuniones?

i. ▶ Recepción, ¿dígame?

▷ Sí..., busco la caja de seguridad de mi habitación y... (...)

▶ **¡Ah! Bien, gracias.**

j. ▶ Buenos días, ¿dígame?

▷ **Por favor**, necesito ayuda para abrir la puerta de mi habitación. No encuentro la llave, creo que está dentro.

▶ **Sí, un momento...**

4.3. ¿Sabes para qué sirven las expresiones señaladas en negrita en el ejercicio anterior? Comentadlas todos juntos con el profesor.

- Para contestar a una llamada equivocada.
- Para pedir algo con cortesía.
- Para conceder permiso.
- ...

4.4. Estas formas pertenecen al imperativo.

- Pase   • Añada   • Permítame   • Dígame

Fíjate en su uso en los diálogos anteriores. ¿Con qué expresiones aparecen algunos de ellos?

4.5. Entre toda la clase, completad el siguiente cuadro con las formas del imperativo. El profesor os va a ayudar.

imperativo	-ar	-er	-ir
usted			
ustedes			

- Dígame   • Permítame

¿Cuál es la colocación de los pronombres y el imperativo?

5. "Mens sana, in corpore sano"

En los viajes de negocios es necesario un tiempo para el deporte.

5.1. Selecciona, entre las siguientes actividades físicas, las tres más apropiadas para hacer durante un viaje de negocios.

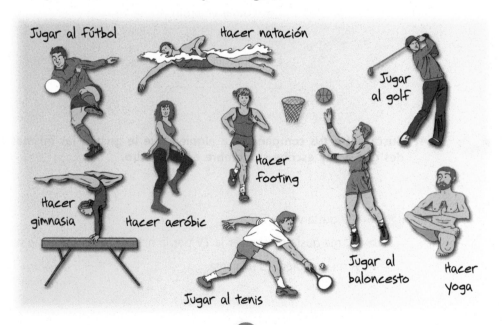

Jugar al fútbol — Hacer natación — Jugar al golf — Hacer footing — Hacer gimnasia — Hacer aeróbic — Jugar al tenis — Jugar al baloncesto — Hacer yoga

5.2. Compara tu selección con la de tus compañeros y argumenta tu respuesta. Comentad qué hacéis cuando estáis de viaje de negocios y por qué.

Ejemplo:

▶ A mí me gusta jugar al tenis pero es difícil, muchos hoteles no tienen pistas y muchas veces no hay una persona para jugar.

▷ Es verdad, a mí me gusta el aeróbic, es más intenso, eliminas estrés más rápidamente. ¿Y a ti?

▶ A mí me gusta mucho jugar al golf. Normalmente estoy todo el día en una sala cerrada, con luz artificial... y el golf es al aire libre, me gustan las actividades al aire libre.

• A mí me gusta ✚ { infinitivo / nombre singular • A mí me gustan ✚ nombre plural

5.3. Cuando no viajas, ¿qué actividad realizas en tu tiempo de ocio? Si tu actividad favorita no está en la lista, añádela.

☐ Ver la TV
☐ Ir al cine
☐ Esquiar
☐ Cuidar el jardín
☐ Salir de copas
☐ Navegar
☐ ....

5.4. Busca entre tus compañeros a alguien que le gusten las mismas actividades que a ti y escribe su nombre en el cuadro.

Ejemplo:

1. ▶ ¿Te gusta ver la TV?

▷ Sí, me gusta mucho ver la TV por la noche. Y a ti, ¿te gusta ver la TV?

▶ A mí, también. Es relajante.

2. ▶ ¿Te gusta cuidar el jardín?

▷ No, no me gusta. Y a ti, ¿te gusta?

▶ A mí, tampoco. Es muy aburrido.

3. ▶ A mí me gusta ver la TV, ¿y a ti?

▷ A mí, no.

4. ▶ A mí no me gusta trabajar en el jardín, ¿y a ti?

▷ A mí, sí.

| A mí me gusta | A mí, también | A mí me gusta | A mí, no |
| A mí no me gusta | A mí, tampoco | A mí no me gusta | A mí, sí |

Nombres	Ver la TV	Ir al cine	Esquiar	Cuidar el jardín	Salir de copas	Navegar	....	....	....

6. ¿Qué acaba de hacer el Sr. Azúa y qué va a hacer?

6.1. Observa las ilustraciones. Completa las frases de cada dibujo.

1. Acaba de tomar un .... y va a pedir la cuenta.

2. Acaba de hacer ...., va a subir a su .... y va a ducharse.

3. Acaba de llegar al .... y va a subir a su habitación.

4. Acaba de levantarse y va a tomar el ....

> Buenos días, al aeropuerto, por favor.

5. Acaba de pagar la cuenta del hotel y va a coger un......................

6. Acaba de coger un taxi y va a ir al ....

habitación • taxi • café • gimnasia • hotel • desayuno • aeropuerto

• *Acabar de* + infinitivo ➡ **hablamos de acciones pasadas recientes.**

• *Ir a* + infinitivo ➡ **hablamos de acciones futuras.**

6.2. Y tú, ¿qué acabas de hacer y qué vas a hacer después?

Haz una lista con cinco actividades pasadas recientes y cinco actividades que vas a hacer después de clase.

Actividades pasadas recientes	*Actividades futuras*
1.	1.
2.	2.
3.	3.
4.	4.
5.	5.

6.3. En grupos de tres, tenéis que preguntar a un compañero del grupo y descubrir qué acaba de hacer y qué va a hacer, vuestro compañero sólo puede responder "sí" o "no".

Ejemplo:

▶ ¿Acabas de tomar café?

▷ Sí.

▶ ¿Vas a tener una reunión?

▷ No.

El ocio y el negocio

7. La soledad del viajero de negocios

7.1. Trabajad en grupos de tres. Elegid un país cada uno de vosotros: Francia, Alemania, Gran Bretaña, Italia, Holanda, Noruega o España.

7.2. Lee, únicamente, la información del país que has elegido.

Así actúan los ejecutivos en sus viajes de negocios

Los ejecutivos franceses se sitúan entre los más trabajadores de Europa cuando hacen un viaje de negocios. El promedio de su jornada laboral cuando viajan es de 11 horas y 45 minutos. Son los que disfrutan más con este tipo de viajes. En su tiempo libre les gusta conocer nuevas personas y hacer turismo.

Los ejecutivos alemanes son los que trabajan más durante sus viajes de negocios. El promedio de su jornada laboral es de 11,6 horas diarias, aunque un 25% de los encuestados dice alcanzar las 14 horas. A los alemanes no les gustan mucho las relaciones sociales y tienen poco tiempo para hacer turismo.

Los ejecutivos británicos son los que realizan viajes más largos, de unas 15 horas, y por eso son los que se quejan más de "jet-lag" y del cansancio. Ellos no consideran los viajes de negocios como una diversión. A ellos no les gusta conocer lugares y personas en su tiempo libre. Echan de menos a sus familias y las comodidades de su casa. Son los que dedican más tiempo a dormir o a trabajar en su tiempo libre.

Los ejecutivos italianos tienen jornadas laborales más cortas, de unas 10 horas y 30 minutos. Les gusta conocer personas y nuevos lugares. Son más exigentes respecto a los servicios y comodidades del hotel.

Los ejecutivos holandeses son muy viajeros, con un promedio de 16,7 viajes al año frente al promedio europeo de 13,5. Son también muy trabajadores. El promedio de su jornada laboral es de 11 horas y 30 minutos. No les gusta visitar nuevos lugares ni ir de compras durante su tiempo libre.

Los ejecutivos noruegos se muestran muy partidarios de realizar viajes de negocios. Organizan y preparan sus viajes de manera razonable y relajada, con una jornada laboral de unas 10 horas y media. Sin embargo, son los ejecutivos que menos disfrutan de su tiempo libre y los que más telefonean a su casa cuando están fuera. Son los menos exigentes con los lujos de los hoteles.

Los ejecutivos españoles consideran la posibilidad de reducir los viajes de negocios o prescindir de ellos. Creen que los encuentros personales no son esenciales y piensan que las vídeo-conferencias pueden sustituir a los viajes. Se quejan del estrés de los viajes. Consideran la posibilidad de poder viajar con su pareja para evitar la sensación de soledad.

Texto adaptado de *La Vanguardia*

7.3. Explica a tus compañeros la lectura correspondiente al país elegido.

7.4. Escucha atentamente la información que te dan tus compañeros y escribe los datos más importantes que te expliquen.

Francia

Holanda

Alemania

Noruega

Gran Bretaña

España

Italia

7.5. Lee la información sobre los países que nadie ha elegido.

7.6. Trabajad en equipo el vocabulario nuevo; podéis comentar las palabras que no conocéis y, si nadie sabe su significado, podéis pedir ayuda al profesor. Completad el siguiente cuadro.

Palabra nueva	Definición	Traducción

7.7. Puesta en común: ¿Qué te parece lo que se dice en la lectura? ¿Todo son tópicos o crees que responde a la realidad?

8. Preposiciones

Completa con una de las siguientes preposiciones:

> por • con • de • a • para

1. El Sr. Azúa está hablando .... teléfono .... el recepcionista y un camarero llama .... la puerta de la habitación.

2. Los Paradores Nacionales son perfectos .... hacer reuniones .... empresa .... su tranquilidad.

3. Acaba .... llegar un mensaje .... usted.

4. Los ejecutivos españoles viajan .... la familia .... evitar la sensación .... soledad.

5. Cuando no viajan, salen .... copas, juegan .... tenis y van .... esquiar.

9. Escribe

Reserva de hotel

El señor Azúa está la semana del 3 al 7 de octubre en Barcelona en la Feria Tecnoturismo. Su familia va a llegar al aeropuerto del Prat (Barcelona) el sábado a las 10 de la mañana. Quiere reservar dos habitaciones en el Ritz para él, su mujer y sus dos hijos mayores. El mismo Sr. Azúa va a hacer la reserva por Internet.

Observa con atención los documentos del Sr. Azúa. Ayúdale a completar el formulario. Revisa el vocabulario de la actividad 1 de esta unidad.

Banco Avenida

VISA°

8322 5602 3315 9823

CADUCA FINAL ► 02/12   JULIO AZÚA IBAÑEZ

PASAPORTE Nº/PASSPORT NO./PASSEPORT NO.
61865234-L

Apellidos/Surname/Nom (1)
AZÚA IBAÑEZ
Nombre/Given names/Prénoms (2)
JULIO
Nacionalidad/Nationality/Nationalité (3)
ESPAÑOLA
Fecha de nacimiento/Date of birth/Date de naissance (4)
22-07-1961
Lugar de nacimiento/Place of birth/Lieu de naissance (6)
VALLADOLID

Sexo/Sex/Sexe (5)
VARÓN
OFICINA EXPEDIDORA
Ñ

Firma del titular/Holder's signature/Signature du titulaire (10)

Fecha de expedición/Date of issue/Date de délivrance (7)
09-11-2001
Fecha de caducidad/Date of expiry/Date d'expiration (8)
09-11-2011

BILLETE DE PASAJE Y TALÓN DE EQUIPAJE · PASSENGER TICKET AND BAGGAGE CHR

EMITIDO POR/ ISSUED BY
VIAJES MUNDONUMEN

FECHA DE EMISIÓN/ DATE OF ISSUE
2-OCT-08

NOMBRE DEL PASAJERO / PASSENGER NAME
AZUA IBAÑEZ, JULIO

ORIGEN-DESTINO/ORIGIN-DESTINATION
BARCELONA-MADRID

CUPÓN
PASAJER

	VUELO/FLIGHT	FECHA/DATE	HORA/TIME	BASE DE TARIFA/FARE BASIS	CLASE/CLASS
AEROPUERTO BARCELONA A / TO MADRID BARAJAS A / TO	2345-0 2345-0	09-OCT. 09-OCT.	21:30	KLN243	
A / TO					

El punto
ESTUDIO DE COMUNICACIÓN

Julio Azúa Ibañez
Director creativo

jazua@elpunto.es

Tel.: 677 41 60 17
Fax: 91 319 93 09

HOTEL RITZ

Tel. (93) 318 52 00 (20 líneas)
Tel. (93) 318 48 37 (Reservas)

Rellene este formulario para hacer su reserva on line

Nombre

Teléfono de contacto   Fax   E-Mail

Fecha llegada   Fecha salida   País

Número de habitaciones   Tipo de habitación

Número de adultos   Número de niños (0-2 años)   Número de niños (3-12 años)

Tipo de régimen deseado: Desayuno   Media pensión   Pensión completa

Empresa   Agencia de viajes

Tarjeta de crédito   Número tarjeta   Fecha caducidad

Observaciones

10. Diferencias culturales

Lo mejor de cada país… para disfrutar cuando se hace un viaje de negocios

10.1. Completa las siguientes frases.

1. El hotel de mi país más adecuado para un viaje de negocios es ....
2. El espectáculo nocturno más bonito es ....
3. El objeto de mi país que puedo regalar a .... es ....
4. Los monumentos que recomiendo visitar son ....
5. Las áreas de compras más elegantes son ....
6. Si estás un fin de semana libre, es muy bonito visitar ....
7. La comida que más identifica a mi país es ....

10.2. **Haced grupos por nacionalidades y comparad vuestras respuestas. Después haced una presentación de vuestro país. Si todos sois del mismo país cambiad vuestra nacionalidad y… a imaginar.**

10.3. **Toma notas de lo que digan tus compañeros.**

10.4. **Puesta en común: Comentad la información que habéis recibido, preguntando detalles de lugares, precios… Podéis pedir información al profesor sobre España.**

11. Lectura

11.1. Lee el texto.

El español es el turista que más gasta

Hasta ahora los turista alemanes, ingleses o suecos llegan a España y dejan sus divisas "generosamente": los precios son baratos y el cambio muy favorable.

Pero la situación cambia. Un estudio de VISA-Internacional dice que los turistas españoles gastan más que los turistas de otros países de Europa: los españoles invierten 787 euros por persona y los que más gastan son españoles entre 25 y 44 años.

Los europeos que más gastan tienen entre 45 y 64 años. Los alemanes viajan fuera del continente más que los ciudadanos de otros países de la Unión Europea.

El estudio explica que la mayoría de los europeos, incluso los nórdicos, pasan las vacaciones de verano en su país –el 78% de los gastos permanecen en la economía interior, el 22% se desplaza a otro país–.

Los turistas que eligen visitar España realizan un gasto medio de 322 euros y están en nuestro país 9 días.

El turismo sigue siendo la principal fuente de ingresos del Estado español –más del 8% PIB–.

Texto adaptado de *La Vanguardia*.

11.2. Marca con una cruz si las afirmaciones siguientes son verdaderas o falsas.

	verdadero	falso
1. Para los turistas que llegan a España el cambio de divisas no es favorable.	☐	☐
2. Los turistas españoles que más gastan tienen entre 45 y 64 años.	☐	☐
3. Una minoría de europeos pasa las vacaciones de verano en su país.	☐	☐
4. Los turistas que vienen a España gastan como media 322 euros.	☐	☐
5. Más del 8% del PIB español proviene del turismo.	☐	☐

11.3. En parejas, comentad vuestro estilo a la hora de hacer viajes, dónde os gusta viajar, cuántos días estáis normalmente, cuánto gastáis...

Tarea final

Encuentro de directivos de una multinacional

Los directivos de una multinacional se reúnen una vez al año para unificar las nuevas estrategias de mercado. Cada año eligen uno de los países en los que tienen sede para organizarlo y este año es España.

Las características del encuentro son:

- 30 personas en total.
- 7 personas viajan con sus cónyuges (marido o mujer).
- sus nacionalidades son las mismas que las de los estudiantes de la clase.
- van a estar 7 días.

Se marcan los siguientes objetivos para planificar la agenda de la semana:

- cubrir los objetivos de trabajo.
- conocer España: gastronomía, visitas culturales, museos, paisajes...
- hacer la estancia agradable a los cónyuges.

1. **Lee la siguiente información sobre los lugares que se pueden elegir.**

Islas Canarias

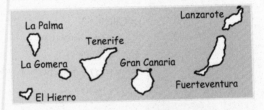

Tenerife es la isla de mayor extensión y la más alta del archipiélago con el imponente remate del Teide, de nieves casi perpetuas que se ven desde las costas soleadas. Es un conjunto de alta montaña, declarado Parque Nacional y con un parador en su interior.

Lugares de interés turístico se encuentran repartidos por toda la isla. La Villa de La Orotava, llena de palacios; cerca de La Orotava, el Puerto de la Cruz ofrece su gran oferta turística, deportiva y de ocio con sus restaurantes de cocina isleña e internacional para completar una excelente estancia con temperaturas constantes durante todo el año.

La capital, Santa Cruz, y la ciudad de La Laguna, sede universitaria, son también lugares que hay que visitar, junto con el sur tinerfeño.

El ocio y el negocio

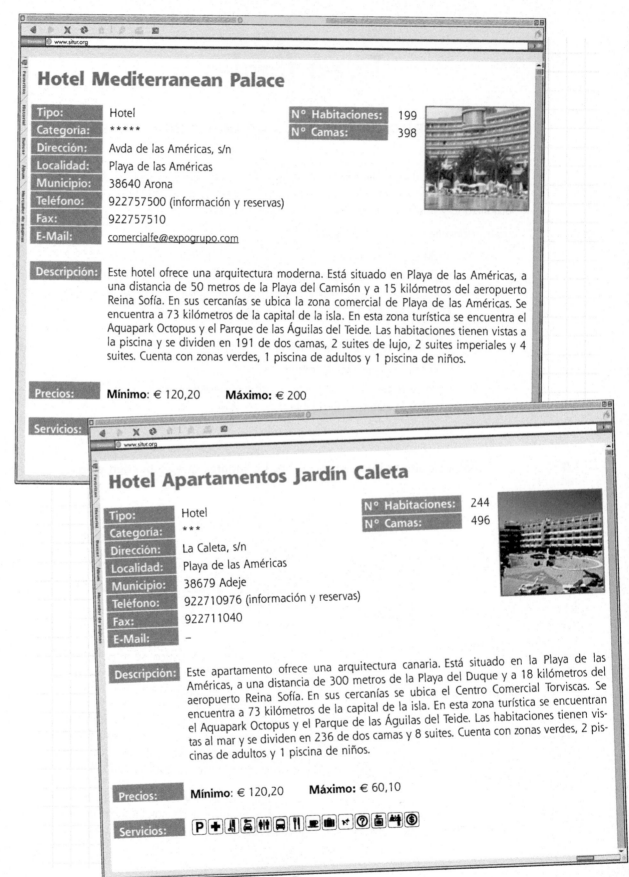

Hotel Mediterranean Palace

Tipo:	Hotel
Categoría:	*****
Dirección:	Avda de las Américas, s/n
Localidad:	Playa de las Américas
Municipio:	38640 Arona
Teléfono:	922757500 (información y reservas)
Fax:	922757510
E-Mail:	comercialfe@expogrupo.com

Nº Habitaciones:	199
Nº Camas:	398

Descripción: Este hotel ofrece una arquitectura moderna. Está situado en Playa de las Américas, a una distancia de 50 metros de la Playa del Camisón y a 15 kilómetros del aeropuerto Reina Sofía. En sus cercanías se ubica la zona comercial de Playa de las Américas. Se encuentra a 73 kilómetros de la capital de la isla. En esta zona turística se encuentra el Aquapark Octopus y el Parque de las Águilas del Teide. Las habitaciones tienen vistas a la piscina y se dividen en 191 de dos camas, 2 suites de lujo, 2 suites imperiales y 4 suites. Cuenta con zonas verdes, 1 piscina de adultos y 1 piscina de niños.

Precios: **Mínimo:** € 120,20   **Máximo:** € 200

Servicios:

Hotel Apartamentos Jardín Caleta

Tipo:	Hotel
Categoría:	***
Dirección:	La Caleta, s/n
Localidad:	Playa de las Américas
Municipio:	38679 Adeje
Teléfono:	922710976 (información y reservas)
Fax:	922711040
E-Mail:	–

Nº Habitaciones:	244
Nº Camas:	496

Descripción: Este apartamento ofrece una arquitectura canaria. Está situado en la Playa de las Américas, a una distancia de 300 metros de la Playa del Duque y a 18 kilómetros del aeropuerto Reina Sofía. En sus cercanías se ubica el Centro Comercial Torviscas. Se encuentra a 73 kilómetros de la capital de la isla. En esta zona turística se encuentran el Aquapark Octopus y el Parque de las Águilas del Teide. Las habitaciones tienen vistas al mar y se dividen en 236 de dos camas y 8 suites. Cuenta con zonas verdes, 2 piscinas de adultos y 1 piscina de niños.

Precios: **Mínimo:** € 120,20   **Máximo:** € 60,10

Servicios:

Castilla y León

Castilla y León ofrece una oferta de Turismo Rural basada en la riqueza de sus costumbres, sus tradiciones y sus paisajes. Dentro de esta oferta se encuentran Las Posadas, edificios de interés turístico en el medio rural con una decoración que respeta las costumbres de cada localidad y población.

LA CASA DEL ABAD DE AMPUDIA

Tel. 979 76 80 08. Fax. 979 76 83 00.

Correo electrónico: casadeabad@arquired.es

http://www.arquired.es/users/ampudia

Dirección: Pza Francisco Martín Gromaz, 12. 34191 Ampudia (Palencia).

Número habitaciones: 18

Número de plazas: 34

Características de las habitaciones: Todas con calefacción y aire acondicionado, teléfono y conexión vía módem.

Servicios de hotel: Desayuno, comida, cena, calefacción, teléfono, piscina climatizada, televisión, gimnasio, sauna, pista de tenis y squash, cafetería, restaurante, parque infantil y salón de reuniones.

SANTA MARÍA LA REAL

Tel. 979 12 20 00. Fax. 979 12 56 80.

Dirección: Ctra. de Cervera, s/n. 34800 Aguilar de Campoo (Palencia).

Número de plazas: 36

Visitas de interés: Románico del norte palentino, Gran Cañón de la Horadada, Ruta de los Pantanos, Cueva de los Franceses, Mirador de Lora.

Actividades ofertadas: Rutas guiadas por el Románico, salidas a caballo y a pie, multiaventura...

2. **Elegid uno de los sitios y justificad vuestra elección. Revisad las herramientas lingüísticas que habéis aprendido en la unidad para hacer bien esta tarea.**

Hay información de la que no disponéis, ¿qué preguntas tenéis que hacer a la agencia, al hotel o a la oficina de turismo del lugar?

a. Habitaciones que necesitáis reservar
b. Precio de las habitaciones
c. Reserva de salones
d. Comidas
e. ...

3. **Preparad una pequeña guía de frases útiles en español para todos los asistentes. Si lo necesitáis, revisad las unidades anteriores, por ejemplo, para las presentaciones. Pensad en cómo va a ser la guía: un dibujo de una situación con sus frases, si va a ir acompañada de una traducción, etc.**

4. **Presentad a la clase vuestro trabajo y vuestra Guía de frases útiles.**

1 Rodrigo Dos Santos vuela hacia la ciudad de Santa Rosa. Antes de llegar, le dan un folleto con la información de la estancia donde se alojan.
Lee la información con atención.

Alojamientos en VILLAVERDE

Ubicada en el país del gaucho: La Pampa; "Villaverde" es una estancia histórica a sólo una hora de vuelo de Buenos Aires. El casco principal, en su parque de 30 ha, es de clásica arquitectura y posee una magnífica decoración con habitaciones en suite. Atendida con la calidez de la familia propietaria, usted podrá disfrutar de la paz del campo y sus actividades degustando las exquisitas comidas caseras elaboradas con productos de su granja. Rodeado de llanuras y montes de caldenes centenarios, únicos en el mundo, se encuentra el Fortín histórico Huitrú, reserva militar del siglo pasado para visitar a caballo o en carruajes de época.

ALOJAMIENTO Y COMIDAS.

El casco principal, de estilo clásico a cuatro aguas con galerías, cuenta con 12 habitaciones de lujo para 28 personas, estacionamiento privado, baños privados, suite ejecutiva y suite presidencial con ascensor privado, calefacción central, hidromasaje, TV, DDI, fax, comidas y repostería casera con productos de la granja. Típico asado criollo y horno de barro. Transporte propio.

ACTIVIDADES.

Agroturismo: arreo y encierre de ganado, participación en la siembra o cosecha de cereales, yerra, esquila, señalada de hacienda. Cabalgatas: partiendo de la Vieja Caballeriza. Excursiones de Aventura: paseos en carruajes de época para visitar el Fortín Huitrú, safaris fotográficos, observación de aves y fauna. Visita a una rastrillada indígena, galería de carruajes, museo rural en el hall, vieja manga, fiesta gaucha y espectáculos folklóricos, pileta con cascada y solarium, pileta cubierta con sauna, galería de arte, capilla San Marcos, parques y jardines, fuentes y esculturas, campo de golf próximo.

2 LLegan a la estancia Villaverde.
Cuando Rodrigo llega a la habitación encuentra un fax de México con información del hotel donde se va a instalar en ciudad de México.

Yucatán Salvaje

Tel. (55-22) 47 55 80 • Fax. (55-22) 30 15

Para:	Sr. Rodrigo Dos Santos	**De:**	Ana Isabel García
			Yucatán Salvaje
Fax:	Sr. Rodrigo Dos Santos	**Páginas:**	2
Teléfono:	0237-4-84-1320	**Fecha:**	22-febrero-2006
Asunto:	Llegada a México	**CC:**	

Comentarios:
Sr. Dos Santos, anexo sírvase encontrar la información sobre el hotel donde se hospeda usted en la Ciudad de México. A la espera de recibirle el viernes de esta semana a las 10 horas de la mañana en las oficinas de nuestra empresa. Quedo a sus órdenes para cualquier duda o comentario.
Atentamente
Ana Isabel García
Yucatán Salvaje

Gran Hotel México Lindo
Paseo de la Reforma, 400
03020 México

En pleno corazón de la zona financiera y comercial se ubica el hotel Gran Hotel México Lindo.

Cuenta con 200 habitaciones, todas ellas equipadas con todos los servicios modernos, televisión con antena parabólica y aire acondicionado.

Como parte de los servicios que ofrece están: gimnasio, club ejecutivo, renta de autos, tabaquería, estacionamiento privado y alberca techada.

El interior del hotel está decorado en estilo modernista, y el vitral Tiffany ilumina el interior del lobby donde se encuentran dos elevadores panorámicos.

Para mayores informes comunicarse a México (5) 5106327.

¡El vocabulario es diferente!

3 Vuelve a leer la información de la estancia Villaverde de Argentina, fíjate en el vocabulario que aparece en el fax que recibe de México y revisa la unidad 5. ¿Descubres las diferencias de vocabulario? Ayuda a Rodrigo a completar el cuadro.

En México dicen...	**En Argentina dicen...**	**En España dicen...**
1. alberca	pileta	
2. elevador		
3.		recepción
4.		parking
5.		piscina cubierta

4 Ricardo se encuentra con el gerente del hotel y Pablo Daniel. Juntos hacen un recorrido por las instalaciones.

A continuación tienes algunas frases que Rodrigo ha escuchado durante la visita. Completa con la palabra adecuada.

> pileta • campaña • recién • mozo • vos • autos • canchas • lindo

1. ▶ **Gerente:** Antes de empezar, ¿desean tomar algo?, el **(1)** .... nos puede servir en la terraza de la **(2)** ....
   ▶ **PDG:** Yo no, gracias, **(3)** .... tomé un café en el avión.
   ▶ **Gerente:** ¿Y, **(4)** .... Sr. Dos Santos?
   ▶ **RDS:** Yo tampoco, gracias.

2. Este estacionamiento tiene capacidad para veinticinco **(5)** ....

3. Como ve, estamos situados en plena **(6)** .... lo que permite realizar muchas actividades al aire libre, en equipo... ¡El paisaje es muy **(7)** ....!

4. Tenemos dos **(8)** .... de tenis.

El éxito en el mundo laboral

En esta unidad aprendes a...

■ **Pedir y expresar opiniones sobre algo**
   ▶ ¿Qué opinas? / ¿Qué te parece?
   ▷ Me parece... / Lo encuentro... / Creo que...

■ **Hablar del pasado**
   ▶ ¿Has tenido ya problemas en el trabajo?
   ▷ Sí, claro que los he tenido... y muy graves.
   ▶ ¿Y tú, Andrés?
   ▶ Yo todavía no.

■ **Expresar acuerdo**
   Estoy de acuerdo...

■ **Expresar desacuerdo**
   No estoy de acuerdo...
   Discrepo...

■ **Llamar la atención hacia algo**
   Fíjate (tú).

■ **Presentar las consecuencias de algo que se acaba de decir**
   Por lo tanto...

■ **Finalizar una conversación general**
   En fin...

■ **Solicitar la repetición de lo dicho**
   Perdón, puede repetir...

■ **Verificar si se ha entendido bien**
   (Usted) quiere decir que...
   (Tú) quieres decir que...

■ **Expresar continuidad o interrupción de una acción**
   Sigo comprobando la facturación de este mes.
   He dejado de trabajar en *Lores España*.

■ **Presentar información contrastándola**
   A pesar de eso, ...

El éxito en el mundo laboral

El éxito en el mundo laboral

1. Los secretos de un directivo

1.1. Escucha la siguiente entrevista.
[20]

1.2. En la columna central, marca los verbos en pasado que has escuchado. Puedes repetir la audición.

1.	venir	✔	he venido
2.	llegar		
3.	ser		
4.	leer		
5.	recibir		
6.	sorprender		
7.	funcionar		
8.	dejar		
9.	invertir		
10.	abandonar		
11.	tener		
12.	ir		

1.3. En la columna de la derecha de 1.2, escribe la primera persona del pretérito perfecto de todos los verbos.

1.4. ¿Conoces las otras formas personales de los verbos siguientes? Completa las que faltan.

Llegar	Tener	Recibir
he llegado		
	has tenido	
		ha recibido
hemos llegado		
	habéis tenido	
		han recibido

- El pretérito perfecto se forma con el presente de indicativo del verbo **haber** y el *participio* del verbo que se conjuga.

- El pretérito perfecto expresa acciones realizadas en el pasado y que perduran en el presente.

- Hay también marcadores temporales que nos indican que debemos usar este tiempo, algunos de ellos son:

  esta mañana, esta semana, hasta ahora, todavía no, ya, últimamente.

1.5. **Pregunta a tus compañeros qué logros han sido los más importantes para el desarrollo de sus carreras profesionales.**

Utiliza verbos del ejercicio anterior y marcadores temporales.

Responde a las preguntas de tus compañeros.

Ejemplo:

▶ ¿Cuál ha sido el mayor acierto de tu vida?
▷ Hacer un máster en Economía y Dirección de Empresas.

2. La entrevista

2.1. **Lee la entrevista y completa los huecos del diálogo con una de las palabras que te dan. Si tienes dificultad vuelve a escuchar el diálogo.**

Está con nosotros, en nuestro programa *Los secretos de un directivo*, el señor Francisco Silvela que lleva más de cuatro años al frente de *Lores España*, una compañía con más de 400 empleados, perteneciente al grupo *Lores Group*.

▶ Buenos días, señor Silvela, ¿preparado para responder a nuestras breves preguntas?
▷ Buenos días, he venido a su programa con mucho gusto y espero poder contestar a todo.

▶ Pues, empiezo. ¿Cómo ha llegado a presidente de la empresa?
▷ Con mucha (1) ...., dedicación e ilusión.
    a) preparación   **b)** estudio   **c)** pereza   **d)** esfuerzo

▶ ¿Cuál ha sido el mayor (2) .... de su vida?
    a) ilusión   **b)** alegría   **c)** esfuerzo   **d)** acierto
▷ Hacer un máster en Economía y Dirección de Empresas.

▶ ¿Cuántas horas trabaja cada día?
▷ Más de las que me deja mi mujer.

▶ ¿Qué (3) .... inesperada ha leído últimamente en los periódicos?
    a) palabra   **b)** artículo   **c)** información   **d)** texto
▷ Prefiero no contestar a esta pregunta.

► ¿Cuál es el (4) .... que siempre le ha funcionado?
  a) proyecto   b) actividad   c) consejo   d) sugerencia
▷ Aprender a decir "no".

► ¿Qué ha dejado de hacer por exceso de trabajo?
▷ Pasar las vacaciones con mi familia el último verano.

► ¿Gasta todo lo que gana?
▷ No, también invierto.

► ¿Ha abandonado alguna (5) .... por falta de tiempo?
  a) afición   b) idea   c) persona   d) consejo de administración
▷ La fotografía.

► ¿Alguna persona especial ha tenido una gran (6) .... en su vida?
  a) poder   b) influencia   c) admiración   d) soporte
▷ Sí, mi padre.

► Ésta ha sido la última pregunta de nuestro cuestionario, gracias, señor Silvela, por su amabilidad y hasta pronto.
▷ Gracias a ustedes.

Dejar de + **infinitivo** = *parar* de + infinitivo, *cesar* de + infinitivo.
Seguir + **gerundio** = *continuar* + gerundio.

Ejemplo:

He dejado de trabajar en Lores España. # Sigo trabajando en Lores España.

2.2. Copia las palabras que has escrito en el diálogo y escribe el verbo que corresponde a cada sustantivo.

Sustantivo		Verbo	
1.	la	a.	
2.	el	b.	
3.	la	c.	
4.	el	d.	
5.	la	e.	
6.	la	f.	

2.3. Comprueba con tu compañero las respuestas.

El éxito en el mundo laboral

3. Todavía no lo he conseguido

3.1. Antes de escuchar el diálogo siguiente, compueba si conoces los siguientes verbos y adjetivos que aparecen en la audición.

Si tienes dudas, pregunta a tu profesor o consulta el diccionario.

Verbo	Adjetivo
conseguir	sincero
alcanzar	cohesionado
lograr	innovador
encontrar	dinámico
interesarse	comunicador
acordarse de	enriquecedor

3.2. Escucha la conversación entre Pedro Ramírez y José Garzón sobre lo que ya han logrado en su vida profesional y sobre lo que todavía no han conseguido.

[21]

3.3. Escribe en la columna correspondiente lo que ya han hecho y lo que todavía no han hecho.

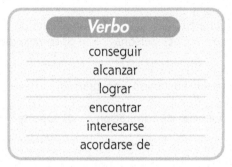

	Ya	Todavía no
JOSÉ		

PEDRO		

3.4. ¿Y tú?, piensa sobre lo que ya has logrado en tu vida profesional y sobre lo que todavía no has conseguido. Completa la siguiente tabla.

Yo ya...	Yo todavía no...

3.5. Puesta en común. En la pizarra, haced entre toda la clase una tabla similar a la del apartado 3.4 con lo que ya habéis hecho y lo que todavía no habéis conseguido. Comentad el resultado: coincidencias, disparidades, por qué se tienen esas expectativas, etc.

Para hablar de los resultados puedes usar:

Nosotros/as hemos
Todos/as hemos
Vosotros/as habéis
Ellos/as han

+ **participio** del verbo.

4. Mi vida laboral

4.1. Quieres saber qué ha hecho tu compañero durante su vida laboral. Construye preguntas con los verbos de la columna de la izquierda y las palabras de la columna de la derecha (puede haber más de una posibilidad). Usa la forma del pretérito perfecto.

Verbo	*Objeto directo*
1. • tener	a. • diez horas
2. • inventar	b. • dudas
3. • alcanzar	c. • problemas en el trabajo
4. • encontrar	d. • el mejor producto
5. • leer	e. • tus metas soñadas
6. • consultar	f. • un buen informe
7. • crear	g. • un buen ambiente laboral
8. • escribir	h. • los periódicos de hoy
9. • conocer	i. • la cultura empresarial de otros países
10. • trabajar	j. • jefes simpáticos

Ejemplo: ¿Has tenido problemas en el trabajo?

Tus preguntas son éstas:

1. ....
2. ....
3. ....
4. ....
5. ....
6. ....
7. ....
8. ....
9. ....
10. ....

4.2. **Formula las preguntas a tu compañero y responde a sus preguntas.**

En la respuesta no repitas las palabras (objeto directo), sustitúyelas por un pronombre: lo, la, los, las.

- si el objeto directo es masculino singular el pronombre que debes usar es: **lo**
- si es femenino singular el pronombre que debes usar es: **la**
- si es masculino plural el pronombre que debes usar es: **los**
- si es femenino plural el pronombre que debes usar es: **las**

Ejemplo:

▶ ¿Has tenido problemas en el trabajo?
▷ Sí, **los** he tenido.
▶ No, no **los** he tenido.

4.3. **Escribe las preguntas que te ha hecho tu compañero y también tus respuestas:**

1. Me ha preguntado ....
He contestado ....

2. Me ha preguntado ....
He contestado ....

3. Me ha preguntado ....
He contestado ....

4. Me ha preguntado ....
He contestado ....

5. Me ha preguntado ....
He contestado ....

6. Me ha preguntado ....
He contestado ....

7. Me ha preguntado ....
He contestado ....

8. Me ha preguntado ....
He contestado ....

9. Me ha preguntado ....
He contestado ....

10. Me ha preguntado ....
He contestado ....

5. Este puesto no es para mí

5.1. **Éstos son algunos de los problemas que surgen en un nuevo puesto de trabajo. De la siguiente lista, marca con una cruz los problemas que tú crees que ocurren con más frecuencia.**

- Ha tenido problemas para adaptarse al estilo de gestión.
- Sus subordinados han seguido consultando sus dudas al antiguo jefe.
- Ha hecho una desastrosa presentación de sus proyectos en la nueva empresa.
- Su nuevo trabajo se ha convertido en una pesadilla.
- No ha tenido suficientes conocimientos de informática.
- Ha puesto demasiado entusiasmo en su trabajo los primeros días y después no lo ha mantenido.
- No ha entendido bien las funciones que tiene que desempeñar.
- Ha visto que su secretaria no se desenvuelve bien en su trabajo.
- No consigue centrarse en sus nuevas tareas y sigue pensando en su anterior puesto.
- Ha escrito un pésimo informe de la situación en la empresa y ha recibido las protestas de sus compañeros.

5.2. **En grupos de tres, añadid a esta lista otros problemas que vosotros habéis vivido de cerca. Comentadlos.**

- ....
- ....
- ....
- ....

6. Los problemas en un nuevo puesto

6.1. Lee una parte del texto (ALUMNO A o ALUMNO B) sobre "Los problemas en un nuevo puesto", la otra parte la va a leer tu compañero.

Alumno A

En todas las áreas de trabajo encontramos personas que cumplen bien sus obligaciones en el puesto que ocupan y están capacitadas para hacerlas, pero que no se sienten satisfechas y desean conseguir un ascenso. Ese ascenso, si llega, no siempre alegra la vida del trabajador.

La historia del buen mecánico que asciende y se convierte en un pésimo jefe de taller es muy conocida. ¿Quién no ha tenido algún caso similar en su empresa? Muchos directores de recursos humanos se han encontrado con problemas parecidos: el buen ingeniero que no sabe dirigir equipos y llega a jefe de departamento, el magnífico informático que empieza a perder puntos con los clientes cuando llega al puesto de director de marketing, etc.

Alumno B

Éstos son algunos problemas que nos ha contado el nuevo director de ventas de una empresa.

"Llevo trabajando sólo cuatro meses en mi nuevo puesto de director de ventas y ya me he encontrado con dificultades para desarrollar mi trabajo. Uno de ellos ha surgido cuando he notado que mis subordinados no me han consultado sus dudas porque han seguido comunicando todo a su antiguo jefe. A pesar de eso yo no he perdido la paciencia, porque me recompensa el hecho de que ahora mi sueldo es mayor que antes. Sin embargo, veo que mis antiguos colegas han dejado de hablar conmigo y eso me molesta. También me he dado cuenta de que mis conocimientos de informática no son suficientes, aunque tengo una secretaria muy eficiente, pero me gusta preparar algunos informes y presupuestos yo solo y desconozco algunos programas del ordenador. En fin, que mi nuevo puesto no me atrae tanto y mi trabajo se ha convertido en una pesadilla."

Las siguientes expresiones son muy útiles para ordenar el discurso, fíjate en sus usos y en los ejemplos.

- Para presentar información contrastándola con la anterior, puedes usar:
  > No ha terminado la carrera de empresariales y, **a pesar de eso**, ha tenido éxito en su vida profesional: ahora está de director comercial.

- Para solicitar la repetición de lo dicho, puedes usar:
  > **Perdón, puede repetirlo.**

- Para verificar si se ha entendido, puedes usar:
  > **Usted quiere decir que...**

- Para finalizar la conversación:
  > **En fin,** que mi nuevo puesto...

6.2. Explica la información a tu compañero. Toma nota de lo que él te explique a ti.

[22]

6.3. Escucha la audición.

¿Es la misma historia que te ha explicado tu compañero y la que tú le le has explicado a él? ¿Está la historia completa?

6.4. Comentad las diferencias entre lo explicado y lo escuchado en la audición.

7. ¿A quiénes han nombrado?

7.1. Éstos son algunos de los nuevos fichajes en empresas españolas.

Escribe los verbos que aparecen en el recuadro en el lugar correspondiente de cada directivo.

> ha ocupado   ha trabajado
> ha impartido   ha sido   ha desarrollado
> ha asumido   ha tenido
> se ha incorporado   ha pasado a ser

José Valencia
Director General de *Com España*

Licenciado en Informática y máster en Dirección de Empresas, (1) ....
en multinacionales del sector de la informática y las telecomunicaciones.
José Valencia (2) ....
a *Com España* como Director General de la compañía.
En su nuevo cargo tiene la misión de orientar la actividad de la compañía a cubrir las necesidades de las pymes en el acceso a internet.

María Francés
Directora de *Sumsa* para España y Portugal

Licenciada en la Escuela de Comercio con la especialidad de Comercio Internacional, María Francés (3) ....
su trayectoria profesional dentro del grupo *Sumsa*, primero en el departamento de marketing y ahora (4) ....
.... la directora para España y Portugal.

José Javier López
Gerente de área de *Penca*

José Javier López (5) ....
su nueva responsabilidad en esta empresa de trabajo temporal.
Con gran experiencia en compañías del sector de la automoción (6) ....
puestos relevantes en *Gran Motor* y *Sopla S.A.*

Mario de Travi
Presidente de *Distante & Abogados*

Travi (7) .... coordinador de Asuntos Judiciales desde 1998 en la Asesoría Jurídica de Sol España, en la que (8) ....
.... encomendada la dirección jurídica.
Es licenciado en Derecho y (9) ....
.... cursos de especialización sobre Derecho del Trabajo.

7.2. Escribe frases con los verbos que han aparecido en el ejercicio anterior. Utiliza la primera persona del singular.

1. incorporarse a   Ejemplo: Me he incorporado a la empresa Penca.

2. desarrollar ....

3. trabajar en...

4. pasar a ser...

5. ser ....

6. tener ....

7. impartir...

8. asumir...

9. ocupar...

8. Un artículo de prensa

María Gil y Alicia Adorno están hablando sobre un artículo aparecido en la prensa sobre cómo puede lograr el éxito un directivo.

8.1. Escucha el diálogo. Escribe las frases del diálogo en las que aparecen algunas expresiones para:

[23]

Pedir opinión

_____
_____
_____

Expresar opinión

_____
_____
_____

Expresar acuerdo

_____
_____
_____

Expresar desacuerdo

_____
_____
_____

8.2. **Ahora lee el mismo diálogo que acabas de escuchar.**

Subraya las frases que tú creas equivocadas para conseguir el éxito.

María: Últimamente he leído un artículo sobre cómo lograr el éxito, que me ha interesado mucho y con el que estoy de acuerdo en algunos puntos, en otros no estoy totalmente de acuerdo y en uno discrepo completamente.

Alicia: ¿Te refieres al artículo "Cómo alcanzar las estrellas sin perder de vista tierra firme"?

María: Sí, ¿lo has leído también? ¿Qué opinas? ¿Crees que con entusiasmo e ilusión es posible vencer muchas dificultades?

Alicia: Por supuesto, estoy convencidísima. Fíjate en el éxito conseguido por Antonio Catalán gracias a esos dos factores. Aunque creo que también la autoestima y la autoconfianza son unos grandes motores del ser humano.

María: A mí me parece que mostrarse distante y reservado incluso con los propios colaboradores puede mantenernos en una posición de autoridad y tener éxito en los proyectos.

Alicia: No estoy de acuerdo en lo que dices porque conozco a muchos empresarios que han fracasado debido a su distanciamiento con los problemas de los empleados. Pero, en lo que no creo en absoluto es en eso de convertir tu vocación en vacación, para mí el trabajo es trabajo y, por tanto, el disfrutar en la empresa está muy lejos de ser para mí un punto importante. A mí me encanta el viernes por la tarde porque sé que entonces empieza mi verdadero disfrute. Yo podría vivir sin trabajar.

María: A mí no me ocurre eso, porque si tengo un proyecto entre manos no puedo desconectar del trabajo, ni siquiera los fines de semana, me canso mucho pero me apasiona lo que hago. Lo que no entiendo es eso de la ética moral, yo no me planteo nunca si actúo bien o mal con mis colaboradores.

- Expresa acuerdo: **Estoy de acuerdo** en bastantes puntos.
- Expresa acuerdo parcial: **No estoy totalmente/del todo de acuerdo** con... / Estoy de acuerdo **pero**...
- Expresa desacuerdo: En otros **discrepo** completamente. / **No estoy de acuerdo** porque...
- Llama la atención sobre algo: **Fíjate** en el éxito conseguido por Antonio Catalán.
- Pide y expresa la opinión: **¿Qué opinas? Me parece / Creo que / Para mí** mostrarse distante puede...

8.3. **Compara y comenta con tus compañeros las frases señaladas.**

Discute y argumenta tus puntos de vista. ¿Hay muchas diferencias?

Usad las expresiones aprendidas en las actividades 6.1 y 8.2.

9. El éxito profesional

9.1. Lee los 10 consejos para lograr el éxito profesional que nos ha dado el psicólogo Bernabé Tierno.

1. Tener las metas claras.
2. Tener autoestima y autoconfianza.
3. Tener tenacidad y tesón.
4. Disfrutar de lo que se hace. Convertir la vocación en vacaciones.
5. Tener entusiasmo e ilusión.
6. Tener facilidad para comunicarse.
7. Tener una actitud mental positiva y dinámica.
8. Tener autodisciplina.
9. Capitalizar los fracasos.
10. Tener integridad moral.

9.2. En grupos de tres comentad los consejos que son más fáciles y más difíciles de llevar a cabo. ¿Por qué? Usad las expresiones para pedir y expresar opinión.

10. Preposiciones

Completa con una de las siguientes preposiciones: a, de, con y en.

1. El señor Ruiz-Velasco ha llegado .... presidente de la empresa DUCI.

2. Últimamente ha invertido mucho dinero .... acciones de CELO.

3. Sus antiguos colegas han dejado .... hablar .... él.

4. Muchos directores .... recursos humanos se han encontrado .... problemas.

5. Mi trabajo se ha convertido .... una pesadilla.

6. José Valencia se ha incorporado .... la empresa SALVI.

7. Fíjate .... el éxito obtenido por Juan Quesada.

8. Estoy completamente .... acuerdo contigo.

11. Escribe

Un informe

11.1. Lee el siguiente texto.

El jefe debe escribir un informe sobre un empleado al término de su relación laboral con la empresa si su contrato es de formación o de prácticas. Para el resto de profesionales, la redacción de informes por parte del jefe no es obligatoria, pero sí conveniente.

11.2. Escribe un informe sobre un empleado que ha trabajado en tu empresa. Éstos son los puntos que debes escribir.

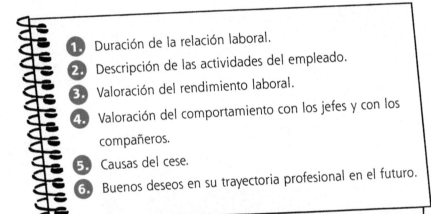

1. Duración de la relación laboral.

2. Descripción de las actividades del empleado.

3. Valoración del rendimiento laboral.

4. Valoración del comportamiento con los jefes y con los compañeros.

5. Causas del cese.

6. Buenos deseos en su trayectoria profesional en el futuro.

Y éstas son algunas frases que te pueden ayudar a la hora de redactar este informe.

- Ha mostrado gran capacidad para...
- Su principal logro ha sido...
- Ha creado muy buen ambiente entre sus colaboradores por...
- Ha desarrollado todos sus trabajos con gran...
- Ha desempeñado todas las funciones relacionadas con su puesto con...

También te remitimos a la actividad 7, *¿A quiénes han nombrado?*, de esta unidad y a las actividades 4, *¿Cómo son...?*, y 9, *Están buscando...*, de la unidad 3 donde vas a encontrar expresiones y vocabulario para esta redacción.

12. Diferencias culturales

¿Por qué no han triunfado en otros países?

12.1. Algunas compañías han tenido problemas para introducir sus productos en otros países. ¿Por qué?

Lee las situaciones que te presentamos.

1. Una compañía productora de café ha tenido dificultades para introducir su producto "café instantáneo" en el mercado francés. ¿Por qué?

2. Una empresa de detergentes ha presentado un anuncio de su producto con el dibujo de un montón de ropa sucia en el lado izquierdo, un paquete del detergente en el centro y unas ropas limpias a la derecha. El producto no se ha vendido bien en algunos países de medio oriente. ¿Por qué?

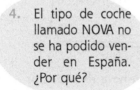

4. El tipo de coche llamado NOVA no se ha podido vender en España. ¿Por qué?

3. Muchas compañías de occidente se encuentran con problemas a la hora de vender neveras en Japón. ¿Por qué?

5. Algunas compañías europeas y americanas que han utilizado la lengua árabe para anunciar sus productos no han tenido éxito en Dubai. ¿Por qué?

12.2. Discutid en grupos de tres los posibles motivos de estos fracasos en las ventas.

12.3. Escribid esas posibles causas.

12.4. Puesta en común. Argumentad vuestras respuestas.

13. Lectura

13.1. Lee el texto siguiente y contesta a las preguntas.

Los desencantos de Internet

Se ha hablado mucho de las ventajas de la nueva economía organizada alrededor de Internet. Se conocen las inversiones millonarias, las fantásticas salidas a bolsa y las grandes expectativas de negocio que genera, pero este escenario también tiene un lado negativo. La gente también ha oído hablar de fracasos relacionados con estos medios tecnológicos. Todos hemos leído artículos sobre operaciones absurdas, directivos fantasiosos y empleados cansados por sistemas de trabajo abusivos.

Uno de los periodistas que se ha dedicado a este tema ha recogido varios testimonios personales y comenta que "es uno de los mayores desastres en la historia de esta industria". Ha escuchado frecuentemente frases como la siguiente: "nos hemos estresado y agotado por exceso de trabajo, por mala gestión y por locas ideas".

Ahora los empresarios con problemas disponen ya en Internet de algunas *web* en las que pueden exponer sus casos, airear decepciones y buscar ayuda.

Estas *web* se presentan como las primeras comunidades pensadas para ayudar a emprendedores fracasados ya que cuentan con experimentados asesores en este campo. Ellos analizan los casos y explican los pasos a seguir para lograr una recuperación económica. También tienen un *chat* en el que los participantes dialogan en directo sobre sus vivencias empresariales.

Texto adaptado de La Vanguardia

13.2. Contesta a las preguntas.

1. ¿Qué éxitos ha logrado la nueva economía organizada en torno a Internet?

2. ¿Cuáles son los aspectos negativos?

3. ¿Qué pueden hacer los empresarios con problemas?

4. ¿Cómo ayudan algunas *web* a empresarios fracasados en este campo?

5. ¿Qué es un *chat*?

Tarea final

Un director con éxito

1. Trabajáis en el departamento de RR.HH. de una gran multinacional. Queréis hacer un estudio de la valoración que tienen vuestros empleados sobre el concepto "Éxito". Vais a elaborar un test que luego pasaréis a todos los empleados para conocer lo que piensan sobre el "Éxito".

   Aquí tenéis una propuesta para elaborar el test:

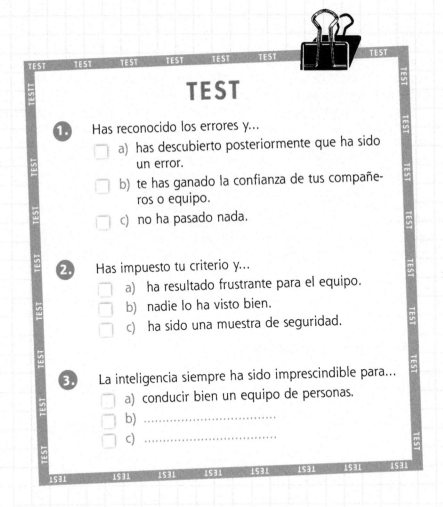

TEST

1. Has reconocido los errores y...

   ☐ a) has descubierto posteriormente que ha sido un error.

   ☐ b) te has ganado la confianza de tus compañeros o equipo.

   ☐ c) no ha pasado nada.

2. Has impuesto tu criterio y...

   ☐ a) ha resultado frustrante para el equipo.

   ☐ b) nadie lo ha visto bien.

   ☐ c) ha sido una muestra de seguridad.

3. La inteligencia siempre ha sido imprescindible para...

   ☐ a) conducir bien un equipo de personas.

   ☐ b) ....

   ☐ c) ....

2. Haced el test a vuestros compañeros.

3. Analizad los resultados y preparad un decálogo que se puede titular "Un directivo CON ÉXITO", es decir, los 10 puntos que necesita un directivo para triunfar. Recordad las formas del imperativo de la unidad 5, quizá las necesitéis para vuestro decálogo. El decálogo puede tener la presentación que queráis (podéis consultar la actividad 9).

Ejemplo:

► ¿Cuántas personas han respondido a) en la primera pregunta?
▷ 5 y 16 han respondido b).
► Sí, y 4 c).
▷ Entonces, podemos escribir: "Reconoce los errores, así puedes obtener la confianza de tu equipo".

4. Presentad vuestro decálogo al resto de los compañeros y preguntadles su opinión.
Tomad notas de las opiniones de vuestros compañeros para mejorar el decálogo. No olvidéis usar los recursos lingüísticos vistos en la unidad.

Un directivo con éxito

1. _____
2. _____
3. _____
4. _____
5. _____
6. _____
7. _____
8. _____
9. _____
10. _____

HISPANOAMÉRICA

HISPANOAMÉRICA

1

Rodrigo escribe un correo electrónico a su profesora de español, Fernanda. Quiere saber las diferencias del español de México. La próxima semana va a salir hacia ese país y no sabe si va a entender todo. En Argentina no ha tenido problemas.
Ésta es la respuesta de Fernanda.

Rodrigo no entiende bien lo que dice su profesora, pero cree que ya lo entenderá al hablar con mexicanos.

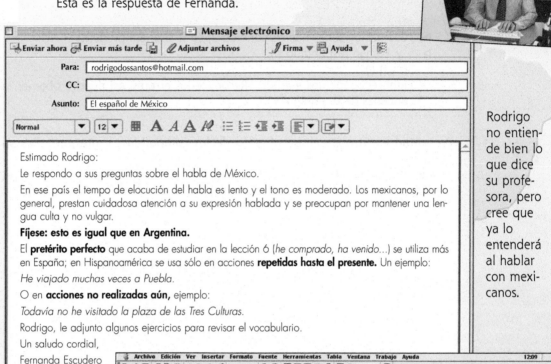

Mensaje electrónico

Enviar ahora — Enviar más tarde — Adjuntar archivos — Firma ▼ — Ayuda ▼

Para: rodrigodossantos@hotmail.com
CC:
Asunto: El español de México

Normal ▼ | 12 ▼

Estimado Rodrigo:

Le respondo a sus preguntas sobre el habla de México.

En ese país el tempo de elocución del habla es lento y el tono es moderado. Los mexicanos, por lo general, prestan cuidadosa atención a su expresión hablada y se preocupan por mantener una lengua culta y no vulgar.

Fíjese: esto es igual que en Argentina.

El **pretérito perfecto** que acaba de estudiar en la lección 6 (*he comprado, ha venido...*) se utiliza más en España; en Hispanoamérica se usa sólo en acciones **repetidas hasta el presente.** Un ejemplo:

He viajado muchas veces a Puebla.

O en **acciones no realizadas aún,** ejemplo:

Todavía no he visitado la plaza de las Tres Culturas.

Rodrigo, le adjunto algunos ejercicios para revisar el vocabulario.

Un saludo cordial,

Fernanda Escudero

2

Éste es uno de los dos ejercicios que envía Fernanda a Rodrigo. ¿Puedes ayudar a Rodrigo?

Archivo Edición Ver Insertar Formato Fuente Herramientas Tabla Ventana Trabajo Ayuda   12:09

Normal ▼ Times ▼ 12 ▼ N K S

EJERCICIO

1. Identifique y señale las palabras que usted ya ha aprendido.
2. Fíjese en las cinco palabras nuevas que aparecen.
3. Escriba al lado de cada palabra la correspondiente utilizada en el español de España que aparece a la derecha:

Español de México	Español de España
vocero	
estacionamiento	
auto	
viaje redondo	
pesero	
cancha de tenis	
cuadra	
ruletero	
camión	
antier	
elevador	
alberca	

- anteayer
- pista de tenis
- portavoz
- ascensor
- manzana (bloque de edificios)
- taxista
- taxi colectivo con precio fijo
- piscina
- viaje de ida y vuelta
- autobús
- aparcamiento
- coche

3 Éste es el segundo ejercicio que va a hacer Rodrigo. ¿Sabes tú también las respuestas? Inténtalo.

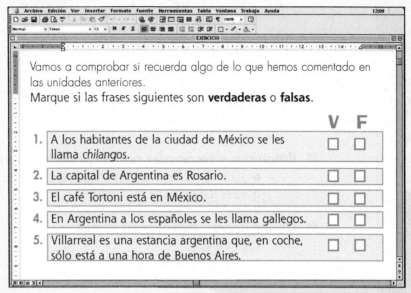

Archivo Edición Ver Insertar Formato Fuente Herramientas Tabla Ventana Trabajo Ayuda   12:09

EJERCICIO

Vamos a comprobar si recuerda algo de lo que hemos comentado en las unidades anteriores.

Marque si las frases siguientes son **verdaderas** o **falsas**.

		V	F
1.	A los habitantes de la ciudad de México se les llama *chilangos*.	☐	☐
2.	La capital de Argentina es Rosario.	☐	☐
3.	El café Tortoni está en México.	☐	☐
4.	En Argentina a los españoles se les llama gallegos.	☐	☐
5.	Villarreal es una estancia argentina que, en coche, sólo está a una hora de Buenos Aires.	☐	☐

4

¿Qué tal ha ido el ejercicio?, ¿has recordado todo?

Rodrigo, después de hacer los ejercicios que le ha mandado su profesora, navega por Internet para buscar algunas páginas *web* del periódico mexicano *Expansión*.

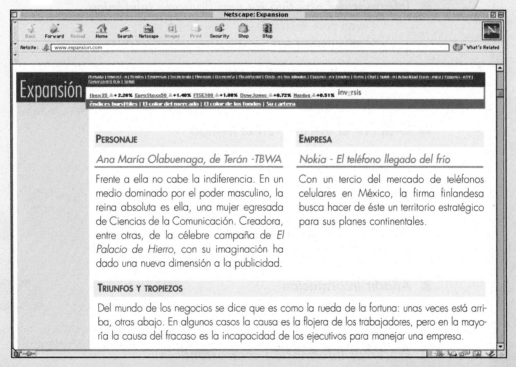

Netscape: Expansion

Back Forward Reload Home Search Netscape Images Print Security Shop Stop

Netsite: www.expansion.com   What's Related

Expansión

PERSONAJE

Ana María Olabuenaga, de Terán -TBWA

Frente a ella no cabe la indiferencia. En un medio dominado por el poder masculino, la reina absoluta es ella, una mujer egresada de Ciencias de la Comunicación. Creadora, entre otras, de la célebre campaña de *El Palacio de Hierro*, con su imaginación ha dado una nueva dimensión a la publicidad.

EMPRESA

Nokia - El teléfono llegado del frío

Con un tercio del mercado de teléfonos celulares en México, la firma finlandesa busca hacer de éste un territorio estratégico para sus planes continentales.

TRIUNFOS Y TROPIEZOS

Del mundo de los negocios se dice que es como la rueda de la fortuna: unas veces está arriba, otras abajo. En algunos casos la causa es la flojera de los trabajadores, pero en la mayoría la causa del fracaso es la incapacidad de los ejecutivos para manejar una empresa.

En los dos primeros artículos hay una palabra que se usa en México pero no en España, y en el tercero hay dos, ¿sabes cuáles son? Ésta es la solución que ha dado Rodrigo, ¿lo ha hecho bien?

En México se dice:	**En España se dice:**
1. egresada de	licenciada en
2. teléfonos celulares	teléfonos móviles
3. flojera	pereza
4. manejar (una empresa)	gestionar / dirigir / llevar

El éxito en el mundo laboral

En esta unidad aprendes a...

■ **Preguntar y responder por un acontecimiento del pasado**
> ► ¿Cuándo aceleró Jazztel el despliegue de su red?
> ▷ Pues fue el 26 de abril de 1999, en Madrid.

■ **Ubicar acontecimientos en el pasado**
Fue en 1999.
Sucedió a comienzos de los 90.
Hace 2 años estuve en Portugal.

■ **Destacar un acontecimiento en un relato**
Un hecho a destacar...
Un acontecimiento importante...

■ **Informar del objetivo de una llamada telefónica**
Llamo para decir que...
Quería deciros que...

■ **Pasar una llamada de teléfono**
¿Me puedes pasar con...?

■ **Ordenar el discurso en el tiempo**
En primer lugar, ...
En segundo lugar, ...
En tercer lugar, ...
Para terminar, ...

■ **Resumir una parte del relato**
En resumen, ...

■ **Añadir información**
Además, ...
También ...

■ **Presentar información contrastándola**
Sin embargo, ...

Empresas privadas, públicas y ONG

mpresas privadas, públicas y ONG

1. Jazztel: titulares de prensa

1.1. Leed los siguientes titulares de prensa de Jazztel. Seleccionad 10 palabras que no entendáis y buscadlas en el diccionario.

LAS NOTICIAS

Jazztel es un operador de telecomunicaciones y proveedor de servicios de internet en la Península Ibérica. La empresa fue fundada por el argentino Martin Varsavsky.

1. Jazztel acelera el despliegue de su red.

2. Jazztel: precios hasta un 50% más bajos.

3. Jazztel lanza sus servicios de Internet.

4. Jazztel retira la publicidad del judo.

5. Jazztel es el cuarto mayor operador ibérico de telecomunicaciones en términos de capitalización bursátil.

6. Antonio Fuentes se incorpora a Jazztel como Director General de Control de Gestión.

7. Jazztel registra un fuerte aumento de ingresos en 1999, hasta los 23,3 millones de euros.

8. Jazztel vende el 2,5% al Banco Sabadell.

9. Deutsche Telekom AG, a través de su filial T-Online International AG, compra Ya.com Internet Factory, S.A. de Jazztel p.l.c.

10. Jazztel incrementa sus ingresos un 322% en el tercer trimestre.

11. Grupo Dragados y Jazztel firman una alianza estratégica para desarrollar negocios conjuntos en el sector de las telecomunicaciones.

12. Jazztel lanza su servicio de llamadas metropolitanas.

1.2. Poned en común vuestro trabajo con el resto de compañeros. ¿Comprendéis ahora todos los titulares?

1.3. Los titulares corresponden a fechas muy concretas. Para relatar esos acontecimientos del pasado necesitas el pretérito indefinido. Fíjate en su morfología:

verbos regulares:

Pretérito indefinido			
Persona	**Infinitivo en -ar**	**Infinitivo en -er y en ir**	
3ª singular	coment**ó**	vend**ió**	escrib**ió**
3ª plural	coment**aron**	vend**ieron**	escrib**ieron**

Observa que los verbos *ser* e *ir*, en el pretérito indefinido, son irregulares y coinciden en sus formas:

Ser > fue, fueron

Ir > 	fue, fueron

1.4. Trabaja en parejas. Uno es A y otro es B. Tienes que poner la fecha y el lugar a las notas de prensa que te faltan. Utiliza el pretérito indefinido para preguntar por ellas. Tu compañero tiene las respuestas. Fíjate que los números que aparecen delante de cada fecha corresponden a los números de los titulares del ejercicio 1.1. (pág. 129)

Ejemplo:

▶ ¿Cuándo aceleró Jazztel el despliegue de su red?/ ¿En qué fecha...?

▷ Pues fue el 26 de abril de 1999, en Madrid.

Alumno A

1.	Madrid, 26/04/1999	**7.**	Madrid, 14/03/1999
2.	Madrid, 18/05/1999	**8.**	....
3.	....	**9.**	Madrid, 04/09/2000
4.	....	**10.**	....
5.	....	**11.**	....
6.	Madrid, 03/02/2000	**12.**	Madrid, 08/01/2001

Alumno B

1.	7. ....
2.	8. Madrid, 12/07/2000
3. Madrid, 21/06/1999	9. ....
4. Madrid, 29/09/1999	10. Madrid, 26/10/2000
5. Lisboa, 10/12/1999	11. Madrid, 13/11/2000
6.	12. ....

2. La historia de Campofrío

[24]

2.1. Escucha la información radiofónica sobre la creación de Campofrío, una empresa del sector cárnico. Marca los verbos que están en pretérito indefinido.

☐ arriesgarse	☐ durar	☐ fundar	☐ ser
☐ comenzar	☐ elaborar	☐ iniciar	☐ trabajar
☐ creer	☐ embarcarse	☐ intuir	
☐ decidir	☐ fabricar	☐ nacer	

Fíjate en los verbos *creer* e *intuir*

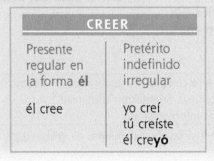

CREER	
Presente regular en la forma **él**	Pretérito indefinido irregular
él cree	yo creí tú creíste él cre**yó**

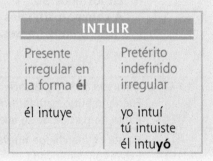

INTUIR	
Presente irregular en la forma **él**	Pretérito indefinido irregular
él intuye	yo intuí tú intuiste él intu**yó**

2.2. Completa el texto con los verbos correspondientes del pretérito indefinido. Para ayudarte puedes usar los verbos que aparecen en la actividad 2.1.

- En 1952 *(a)* .... Campofrío.
- José Luis Ballvé *(b)* .... embarcarse en el nuevo negocio de los productos cárnicos.
- La actividad *(c)* .... en Burgos con recursos limitados.
- Al principio *(d)* .... sólo con carne fresca.
- En la década de los 60 *(e)* .... los embutidos de la marca Campofrío.

2.3. A continuación tienes más datos de la empresa. Prepara un texto para completar la historia de esta compañía.

Verbos que te pueden ser útiles:

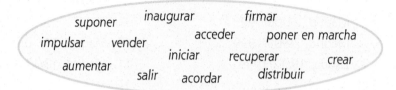

suponer inaugurar firmar
impulsar vender acceder poner en marcha
aumentar iniciar recuperar crear
salir acordar distribuir

Los siguientes verbos son irregulares:

Suponer > yo supuse, tú supusiste, él supuso...
Poner > yo puse, tú pusiste, él puso...
Distribuir > yo distribuí, tú distribuiste, él distribuyó...
Salir:
- en presente es irregular > yo salgo
- en pretérito indefinido es regular > yo salí, tú saliste, él salió...
Acordar:
- en presente es irregular > yo acuerdo, tú acuerdas, él acuerda, nosotros acordamos, vosotros acordáis, ellos acuerdan.
- en pretérito indefinido es regular > yo acordé, tú acordaste, él acordó...

Expresiones de tiempo:
En 1999.
En septiembre de 2000.
En la década de los 90.
En los años 90.
A comienzos/finales de los 90.
Hace 2 años, meses, semanas...

Otras expresiones útiles para tu redacción:
Un acontecimiento importante...
Un hecho a destacar...
Con el paso del tiempo...

1978	- Venta del 50% de la sociedad a la compañía estadounidense Beatrice Food's. - Fuerte impulso para la firma y nueva orientación comercial. - Punto de partida de su aventura internacional.
Década de los 80	- Puesta en marcha de nuevas industrias de tratamiento de embutidos. - Expansión continuada.
1985	- Pedro Ballvé en la presidencia (fallece su padre José Luis Ballvé). - Recuperación de las acciones de la compañía norteamericana con la ayuda del Banco Central.
1988	- Creación de la Sociedad Agrocarne en la República Dominicana. - Distribución de productos desde Agrocarne a Estados Unidos, México, Venezuela y otros países del Caribe. - Salida a Bolsa de un 10% de su capital (septiembre).
Años 90	- Aumento de la presencia internacional con nuevas delegaciones en Rusia y los países del Este de Europa. - Acuerdo de participación con la empresa Hormel Foods de EEUU.

3. Cruz Roja en el año 1999

3.1. **Vas a trabajar con tu compañero, uno es A y otro B. Pero antes, lee tu texto y escribe las preguntas para obtener los datos que necesitas.**

Alumno A

(Prestar) servicios permanentes en .... países. Pero (realizar) acciones en un número mucho más elevado de países (unos ....):
- África............20
- América.........
- Europa y Asia central......15
- Asia...............
- Oriente Próximo......9

Personal
(Trabajar) en plantilla un total de 11 821 personas:
- Personal en la sede: 780
- Otros: 11 041 que (distribuirse) de la siguiente forma:
  – personal de Sociedades Nacionales: 282
  – personal expatriado: 899
  – personal local: ....

Preguntas del Alumno A

Ejemplo: ¿En cuántos países prestaron servicios permanentes en 1999?

1. ....
2. ....
3. ....
4. ....
5. ....

Alumno B

(Prestar) servicios permanentes en 58 países. Pero (realizar) acciones en un número mucho más elevado de países (unos 80):

- África.............
- América..........7
- Europa y Asia central........15
- Asia...............10
- Oriente Próximo........

Personal

(Trabajar) en plantilla un total de .... personas:

- Personal en la sede: ....
- Otros: 11 041 que (distribuirse) de la siguiente forma:
  - personal de Sociedades Nacionales: ....
  - personal expatriado: 899
  - personal local: 9 860

Preguntas del Alumno B

Ejemplo: En África, ¿cuántas acciones realizó la Cruz Roja en 1999?

1. ....
2. ....
3. ....
4. ....
5. ....

 3.2.   **Intenta completar los datos que te faltan. Pregunta a tu compañero.**

Ejemplo:

▶ ¿En cuántos países prestaron servicios permanentes en 1999?
▷ Pues, fueron........

4. El bienestar privado

[25]   **4.1.**   **En la radio emiten un anuncio publicitario de una compañía de seguros. Escúchalo y toma nota sobre lo que se dice.**

4.2. Completa con la información necesaria. Vuelve a escuchar la entrevista.

Conversación	¿Qué tipo de seguro tiene?	¿Por qué tienen un seguro privado?
nº 1		
nº 2		
nº 3		

Puesta en común.

4.3. El negocio de los seguros, ¿una necesidad? Por los impuestos que se pagan, ¿el estado debería ocuparse de cubrir todos los servicios asistenciales (médicos, medicinas, jubilaciones, pensiones de invalidez...?

4.4. Lee los diálogos del anuncio de la radio.

Diálogo 1.

EL PÚBLICO NO ENGAÑA, AQUÍ ESTÁ LA PRUEBA

▶ Hola, buenos días. Estamos realizando una encuesta para conocer si Vd. recurre a la sanidad pública o a la privada.

▷ Yo uso ambas. Tengo un seguro médico de empresa que me viene muy bien para las cosas pequeñas.

▶ ¿Toda su familia está asegurada por la empresa?

▷ Sí, sí ¡claro! El seguro es también para mi mujer y mis dos hijos.

▶ ¿Qué es lo que más les convence?

▷ A mí, que lo tengo pagado por la empresa. Si no, voy a la Seguridad Social ¡y tan tranquilo! A mi mujer le convence que los niños están mejor atendidos.

▶ ¿Me puede decir el nombre de su mutua?

▷ Mutua *Salud y vida*.

▶ Muchas gracias.

▷ De nada.

Nuevamente nuestra mutua, Mutua Salud y vida les ofrece a las empresas los mejores planes médicos para sus empleados.

Diálogo 2.

> ► Caballero, caballero, por favor.
> ▷ Dígame.
> ► ¿Podría responderme a unas preguntas?
> ▷ Dígame, dígame...
> ► ¿Tiene usted alguna mutua o seguro privado?
> ▷ Sí, señorita, claro... ¿usted cree que yo podría vivir de la jubilación de la Seguridad Social? Tengo una póliza privada y además con la misma mutua un seguro médico, a mí no me gustan los grandes hospitales de la Seguridad Social... a mí me gusta el trato personal, con cariño. Le voy a decir una cosa, señorita: las personas, somos personas antes que enfermos ¡oiga! y la gente de mutua *Salud y vida* me trata como persona...
> ► Sí, sí, ya le entiendo... Muy bien.
>
> **Nuevamente nuestra mutua. Mutua *Salud y vida* les ofrece a todos los mejores planes de jubilación y la atención médica más personalizada.**

Diálogo 3.

> ► ¿Usted tiene un seguro de salud privado?
> ▷ Sí, sí, la verdad es que prefiero pagar un poco y elegir los especialistas que quiero que me atiendan.
> ► ¿Elige los que tiene más cerca de casa?
> ▷ Sí, sí, claro. El tiempo es oro. Aunque si hay alguno que me han recomendado, no me importa, en un caso especial, desplazarme un poco más.
> ► ¿Le paga la empresa el seguro de salud?
> ▷ No, no, yo elegí la mutua *Salud y vida* por cuestiones personales.
> ► Muchas gracias.
> ▷ De nada.
>
> **Nuevamente nuestra mutua. Mutua *Salud y vida* les ofrece la elección libre de especialistas.**
> **Todos están de acuerdo: mutua *Salud y vida* les cuida.**

4.5. Fíjate en los pronombres de objeto indirecto de 3ª persona que aparezcan e identifica a quiénes se refieren. Observa:

Le *voy a decir una cosa, señorita.*
Les *ofrece a las empresa los mejores planes médicos.*

Si el objeto indirecto es singular: **le**
Si el objeto indirecto es plural: **les**

Frase del diálogo	Se refiere...
Ejemplo: ¿Qué es lo que más les convence?	a toda la familia: al encuestado y a su mujer.

5. El seguro de vida

5.1. **A continuación tenéis diferentes tipos de información sobre tres aseguradoras españolas. Cada uno lee una. Busca en el diccionario la información que no comprendes o pregunta al profesor. Explica a tus compañeros lo que has leído.**

Compañía de Seguros y Reaseguros, S.A.

MAPFRE se constituyó en el año 1933 y su origen tuvo lugar en la Agrupación de Propietarios de Fincas Rústicas de España, creada en agosto de 1931 para representar y defender sus propios intereses, así como los de sus trabajadores, proporcionándoles asistencia en los accidentes de trabajo en la agricultura.

Esta actividad, referida inicialmente al Seguro de Accidentes de Trabajo, se amplió rápidamente. Así, a finales de 1933, la Mutualidad creó los ramos de Incendio y Pedrisco; en 1936 los ramos de Accidentes Individuales y de Robo para posteriormente, en 1943, extender su actividad a los de Vida, Responsabilidad Civil y Transportes.

Paralelamente a este desarrollo en los distintos ramos del Seguro, se llevó a cabo una ampliación de la Red Territorial. La actividad inicial la realizaban delegaciones comarcales, dependientes directamente de la Central, para en 1934 pasar a ser delegaciones provinciales, teniendo principal relieve las de Andalucía, Castilla, La Mancha y Extremadura.

En 1955 fue nombrado Director General D. Ignacio Hernando de Larramendi y Montiano, impulsor de la MAPFRE actual.

En los años 1958-59 se desarrollaron otros ramos, particularmente el de Automóviles, el de mayor volumen en la actualidad.

En enero de 1989 Corporación MAPFRE, que hasta la fecha fue la inversora en el exterior, traspasó su cartera de participaciones en Sociedades de Seguro Directo a MAPFRE INTERNACIONAL, y, simultáneamente, transfirió a MAPFRE REASEGURO sus participaciones en Reaseguradoras del exterior.

Desde esa fecha, MAPFRE INTERNACIONAL se convirtió en la entidad holding de la Red Internacional de Seguro Directo en MAPFRE.

En 1990 comenzó a operar el BANCO MAPFRE con el objetivo de transformarse en este decenio en un importante banco de servicios a particulares, con una amplia red de oficinas en toda España.

En abril de ese mismo año, se produjo la transformación de MAPFRE INDUSTRIAL en MAPFRE SEGUROS GENERALES.

PRESENTACIÓN INSTITUCIONAL

SANTA LUCÍA
SEGUROS
Instinto de Protección

¿Qué es Santa Lucía?
- Santa Lucía es una entidad aseguradora privada de ámbito nacional, fundada en 1922 y, por lo tanto, con más de 75 años de experiencia en la cobertura de riesgos que afectan al ámbito familiar.

¿Cuál es nuestro objetivo?
- Prestar, en todo momento, un servicio de calidad, a través de una atención rápida y eficaz a nuestros más de nueve millones de Asegurados.

¿Cuál es la garantía de nuestro Asegurado?
- Santa Lucía, según publicaciones de prensa especializada, es una de las entidades con mayor solvencia en el sector asegurador.
  Capital, reservas y provisiones técnicas: 970 090 232 euros.

¿Cuál es nuestra posición en el ranking del sector?
- Santa Lucía es la primera aseguradora en dos de los principales ramos: Seguro de Decesos y Asistencia Familiar con más de 2 300 00 pólizas y más de 366 617 384 euros en primas. Seguro Combinado del Hogar con más de 750 000 pólizas y casi 87 146 755 euros en primas. Además ocupa una posición destacada en el resto de ramos.
  Todo esto supone un volumen total de cerca de 3 500 000 de pólizas con un volumen de primas de 564 019 809 euros a cierre de 2000, lo que convierte a Santa Lucía en una de las compañías líderes en España.

OCASO

P R O D U C T O S
LA MÁS AMPLIA GAMA DE PRODUCTOS ASEGURADORES A SU SERVICIO

OCASO ORO
Un nuevo concepto en seguro de Decesos de Accidentes y Asistencia

OCASO VIVIENDA
Garantías esenciales para la máxima protección de su patrimonio

OCASO MULTIAUTO
El seguro de su coche con la garantía de Ocaso

OCASO COMERCIO
Velamos por su negocio

5.2. **Lee la información de las otras aseguradoras. Decide qué empresa prefieres para hacerte un seguro. Explica por qué la has elegido.**

¿Qué tipo de información te ha sido más valiosa para tomar tu decisión?
¿Qué otro tipo de información necesitas para tomar tu decisión?

6. Parte médico de baja

6.1. **Lee las siguiente preguntas.**

- 1. ¿Cuántas personas intervienen en la conversación telefónica?
- 2. ¿De quién hablan?
- 3. ¿Por cuántos días le han dado la baja médica?
- 4. ¿Quién se lo cuenta a Ricardo?

6.2. **Ahora escucha la conversación telefónica y responde a las preguntas de 6.1. Ricardo es el Director de Administración.**

[26]

6.3. **Lee el diálogo y subraya las expresiones que sirven para:**

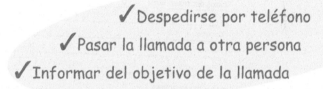

✓ Despedirse por teléfono
✓ Pasar la llamada a otra persona
✓ Informar del objetivo de la llamada

▶ Sí, ¿dígame?
▷ Hola Elena, soy Alberto, el marido de Carmen, ¿cómo estás?
▶ Bien, gracias. ¿Y vosotros?
▷ Pues yo bien, pero Carmen se ha levantado con bastante fiebre.
▶ Vaya, ¿una gripe?
▷ Bueno, hemos ido a urgencias y nos han dicho que es una bronquitis.
▶ Ah, pues eso hay que cuidarlo.
▷ Sí, le han dado la baja para 4 días.
▶ No te preocupes, lo importante es recuperarse. ¿Quieres que te pase con Ricardo o se lo cuento yo?
▷ Prefiero que me pases con él.

▶ Muy bien, un momento. Da un beso de mi parte a Carmen.
▷ De tu parte. Gracias.
▶ Adiós.
▷ Adiós.
(...)
▶ Sí, ¿dígame?
▷ Hola, soy el marido de Carmen. Llamo para deciros que está de baja médica durante cuatro días.
▶ No te preocupes y di a Carmen que ¡a recuperarse! Es lo más importante.
▷ Muchas gracias, se lo diré.
▶ Un saludo y gracias por llamar.
▷ De nada. Adiós.
▶ Adiós.

6.4. **En grupos de tres simulad una conversación de teléfono. Leed todas las tarjetas. Tenéis que seguir las instrucciones correspondientes.**

Alumno A

- Tu mujer o tu marido está enfermo. Piensa qué síntomas tiene.
- Tiene la baja médica por una semana.
- Llama a su empresa para comunicárselo. Hablas con el administrativo del departamento de tu mujer/marido para que te pase con el jefe.

• Trabajas en el departamento de contabilidad de una multinacional como administrativo.
• Recibes una llamada de un compañero y tienes que pasarla a vuestro jefe.

Alumno C

• Tú eres el jefe de departamento y te pasa una llamada el administrativo.

6.5. **Observa el** *parte de baja*. **Trabajad el vocabulario que no conozcáis. ¿Existe este tipo de formulario en vuestro país?**

INSALUD PARTE MÉDICO BAJA/ALTA DE INCAPACIDAD TEMPORAL POR CONTINGENCIAS COMUNES

DATOS DEL TRABAJADOR

Núm. Afiliación Seguridad Social:
D.N.I.:
Domicilio:
Localidad:
Provincia:
C.P.:
Tel.:
SITUACIÓN LABORAL: ACTIVO: DESEMPLEADO:

DATOS DE LA EMPRESA

Nombre Empresa:
Domicilio:
Localidad:
C.P.:
Provincia:
Actividad:
Código CNAE:
Puesto de trabajo:

MUTUA:

¿Duración probable de la BAJA? DÍAS: MESES: Duración estándar De a días.

DATOS DEL FACULTATIVO

Nombre y apellidos:
Núm de colegiado:
Núm de CIAS:

DATOS DEL TRABAJADOR

Núm. Tarjeta Sanitaria:
Nombre:
Apellidos:

REGIMEN:

GENERAL:
AUTÓNOMOS:
AGR. C/PROPIA:
AGR. C/AJENA:
MAR:
E. HOGAR:
M. CARBÓN:

CAUSAS DEL ALTA

CURACIÓN: AGOTAMIENTO PLAZO:
FALLECIMIENTO: MEJORÍA QUE PERMITE REALIZAR SU TRABAJO HABITUAL:
INSPECCIÓN MÉDICA:
PROPUESTA DE INVALIDEZ: INCOMPARECENCIA:

Entidad de pago IT/CC:

EMPRESA COLAB.:
MUTUA:
INSS:
ISM:

Firma y sello (firmar siempre)

7. Tu empresa: el teléfono roto

7.1. **Piensa en 5 preguntas que te gustaría hacer a tus compañeros sobre lo que hicieron ayer en su trabajo y 5 sobre lo que han hecho este trimestre. Luego, responde a esas mismas preguntas pero con lo que hiciste tú ayer y lo que has hecho este trimestre.**

Ayer	*Preguntas*	*Respuestas*
1.		
2.		
3.		
4.		
5.		

Este trimestre

Preguntas	Respuestas
1.	
2.	
3.	
4.	
5.	

- Para preguntar por **ayer**: usa el **pretérito indefinido**.
  - *Ayer* firmé un contrato con la administración pública para proveerles de software.
- Para preguntar por **este trimestre**: usa el **pretérito perfecto**.
  - *Este trimestre* he preparado la oferta para la administración pública para proveerles de software.

7.2. **Se organiza el aula en dos equipos. Un alumno del equipo A lee una de sus respuestas a un miembro del equipo B, el alumno del equipo B debe pensar y formular la pregunta correspondiente. Después será el turno del alumno del equipo B que ha contestado, éste debe repetir el proceso, es decir, lee una de las respuestas y el equipo A debe pensar en la pregunta que le corresponde. Y así sucesivamente.**

Deben participar todos los miembros del equipo y en las respuestas no se puede emplear más de 5 segundos.

Si se comete una equivocación se da al equipo un punto negativo. Gana el equipo que menos puntos acumula.

8. Preposiciones

Completa con la preposición adecuada.

1. Estuvimos en Tenerife .... finales de febrero.

2. .... el paso del tiempo, todo se quedó en una idea.

3. ¿Cuántas acciones realizó la Cruz Roja .... 1999?

4. Pago una cuota anual del seguro de vida .... toda la familia.

5. Les ofrecemos .... las empresas los mejores planes médicos.

6. Llamo .... comunicaros que mi marido está de baja médica.

7. ¿Me puede pasar .... el director de contabilidad?

8. ▶ ¿Por qué eligió la mutua *Salud y vida*?

    ▷ .... sus profesionales.

9. Escribe

A continuación tienes un formulario para solicitar información a *Sanitas** sobre un seguro de empresa. Completa los datos que te piden.

✓ ACEITES Y ACEIT
ACTIVIDADES DIV
ADMINISTRACIÓN
ALIMENTACIÓN
ASOCIACIONES
BANCA
BEBIDAS
BECARIOS
CAUCHO Y NEUMAT
CEMENTO
COLEGIOS PROFES
COMERCIALES
COMERCIALES AUT
COMERCIALES FAR
COMUNICACIONES
CONFECCIÓN Y GE
CONSTRUCCIÓN E
CONSTRUCCIÓN NA
CONSTRUCCIONES
EDITORIALES, IM
ELECTRODOMESTIC
ELECTRÓNICA
ENERGÍA ELECTRI
ENSEÑANZA
FINANCIERAS
GRANDES ALMAC
HOSTELERÍA
IMPORTACIÓN-EXP
INDUSTRIA FARMA
INFORMÁTICA
INGENIERIA
ISFAS SANITAS P
JOYERÍA, RELOJERÍA
LIMPIEZA
MADERA, CORCHO
MATERIAL DE CON
MATERIAL ELECTR
METALURGIA NO F
MINERÍA
MUFACE SANITAS
MUGEJUSANITAS P
NO INDICAN SECT
PAPEL Y CARTÓN
PERFUMERÍA Y DE
PETRÓLEO Y GASO
PIEL, ZAPATOS Y
PLÁSTICOS
PRODUCTOS LÁCTEOS
PUBLICIDAD Y MA
QUÍMICA
SEGUROS
SERVICIOS PÚBLI
SIDEROMETALURGIA
TEXTIL
TRANSPORTES Y A
VEHÍCULOS
VIDRIO

Nombre del colectivo: _____

Actividad: [ACEITES Y ACEIT ▲▼]   **CIF:** _____

Domicilio Social: [CALLE ▲▼] _____   **Nº:** ____   **Planta:** ____

Código Postal: _____   **Localidad:** _____   **Provincia:** _____

Teléfono 1: _____   **Teléfono 2:** _____   **Fax:** _____

Persona de contacto _____   **E-mail:** _____

Ámbito territorial del seguro: ⦿ Nacional   ○ Local

○ Paga empleado   ⦿ Paga empresa   ○ Otros

Nº potencial de titulares: _____   **Nº potencial de personas:** _____

Forma de pago: [ANUAL ▲▼]   **Producto de interés:** [SANITAS MULTI ▲▼]

Pirámide de edades:

EDAD:	0-2	3-10	11-19	20-29	30-39	40-44	45-54	55-59	60-64	65-69	+ 69	Total
HOMBRES:	0	0	0	0	0	0	0	0	0	0	0	0
MUJERES:	0	0	0	0	0	0	0	0	0	0	0	0

Otros datos a considerar:

✓ CALLE
PLAZA
AVENIDA
EDIFICIO
GLORIETA
PARQUE
TRAVESÍA
URBANIZACIÓN

✓ ANUAL
MENSUAL
SEMESTRAL
TRIMESTRAL

✓ SANITAS MULTI
SANITAS MUNDI 30 MILLONES
SANITAS MUNDI 15 MILLONES
SANITAS MUNDI 5 MILLONES
SANITAS ORO
SANITAS MUNDI UN MILLÓN DE A
SANITAS DENTAL
SANITAS RENTA
SANITAS ESTUDIOS
OTRO REEMBOLSO SIN FRANQUICIA
OTRO REEMBOLSO CON FRANQUICIA

* *Compañía aseguradora del ramo de sanidad.*
www.sanitas.es

10. Diferencias culturales

Puntos de vista sobre la economía

10.1. Lee, reflexiona y completa la segunda columna.

Punto de partida	• Mi punto de vista es... • En mi país el estado de opinión sobre esto es...
Los microcréditos son una fórmula para negocios sólo del tercer mundo.	
Las empresas familiares son un modelo arcaico, es necesario introducir consejos de administración con gente con ideas renovadas.	
Las economías de los países deben sustentarse sobre las PYMES, ya que sus políticas estratégicas tienden a ser más estables. Una economía sustentada sobre multinacionales puede producir más vaivenes socioeconómicos en el país.	
Perdonar la deuda externa es imprescindible para el crecimiento de los países en vías de desarrollo.	
Las ONG son necesarias en el mundo de la globalización ya que se ocupan de la economía de todos los que no pueden subirse al trepidante tren de la globalización.	
El sector sanitario y todas las prestaciones sociales deben ser privados, su alto coste puede llevar a los estados a la bancarrota.	
El concepto de "comercio justo" es inviable y por lo tanto puede desaparecer.	

10.2. ¿Tus opiniones tienen relación con el hecho de pertenecer o no a un país desarrollado? Coméntalo con tus compañeros.

11. Lectura

11.1. Responded a las siguientes preguntas:

a) ¿Conocéis alguna feria internacional en España?
b) ¿Cuáles creéis que pueden ser las ciudades con las principales ferias?

11.2. Lee el siguiente texto y subraya las palabras clave.

Ferias internacionales en España

El sector ferial español ha experimentado en los últimos cinco años un crecimiento espectacular y, aunque todavía queda mucho por hacer, las expectativas son muchas. El director de **Ifema** (Parque Ferial de Madrid), Fermín Lucas, dice que en España "tenemos un gran potencial que debemos saber explotar". El futuro viene acompañado de calidad en este sector. El presidente de la **Asociación de Ferias Españolas** (AFE), Juan Garaiyurrebaso, dice, al hablar de la calidad, "pretendemos crear una etiqueta de calidad que defina unos mínimos que tienen que cumplir los miembros de la AFE. Así, los usuarios, tanto expositores como visitantes, tienen la garantía de unos servicios".

Los recintos españoles están mejorando sus instalaciones para ofrecer mayor espacio y mayor calidad y comodidades. Madrid, Barcelona, Valencia, Bilbao y Sevilla son ejemplos de ello. Se pretende hacer más agradable la estancia de los visitantes con la mejora de los servicios complementarios como restaurantes, jardines, facturación de maletas, etc.

La Administración Pública también participa en este escaparate de las empresas. El impacto que el negocio de las ferias tiene en las ciudades es grande. Las iniciativas que promueven son, por ejemplo, llevar el metro a la puerta del recinto o mejorar los accesos por carretera.

11.3. Completa las siguientes figuras con las palabras del texto relacionadas con "ferias" y con "instalaciones". Si tienes más palabras subrayadas, intenta establecer otras relaciones entre ellas.

Ferias

Instalaciones

 11.4. A continuación tienes información sobre las 10 ferias profesionales más visitadas en España en 1999. ¿Coincide con las respuestas de la actividad 11.1?

Los más visitados
Ferias profesionales más visitadas en 1999

Nº	Feria	Nº visitantes
1	Salón Internacional del Automóvil (Barcelona)	915 894
2.	Fidma (Feria Internacional de Muestras de Asturias) (Gijón)	690 697
3.	Expo-Ocio (Madrid)	486 019
4.	Salón del Automóvil (Sevilla)	423 678
5.	Fiv-Expojove (Valencia)	345 636
6.	Feria Internacional de Muestras (Valladolid)	298 299
7.	Simo (Feria Internacional de Informática, Multimedia y Comunicaciones) TCI (Madrid)	257 437
8.	Construmat (Barcelona)	254 570
9.	Expoconsumo-Expovacaciones (Bilbao)	229 975
10.	Juvenalia (Madrid)	224 384

Información de Actualidad Económica

Tarea final

Informe económico para Intermón

 1. **Leed y comentad entre todos los siguientes datos de Intermón del año 1998-1999*.**

En el ejercicio 1998-1999 se contó con la ayuda de 30 120 millones de euros de la sociedad española. Los donativos se incrementaron en un 22%, las ventas en un 30% y las subvenciones públicas en un 15%.

Origen de los ingresos	Aplicación de los recursos

Origen de los ingresos

- Socios y colaboradores: 17'36 M de euros.
- Ventas e ingresos financieros: 2'29 M de euros.

Total recursos privados: 19'65 M de euros.

- Unión Europea (UE): 3'79 M de euros.
- Gobierno español: 3'72 M de euros.
- Administraciones locales y autonómicas: 5 M de euros.

Total recursos públicos: 12'53 M de euros.
Total recursos: 32'18 M de euros.

Aplicación de los recursos

- Proyectos de desarrollo y emergencia: 24'80 M de euros.
- Programas de sensibilización, Comercio Justo y editorial: 4'22 M de euros.
- Administración y captación de fondos: 3'15 M de euros.

Total: 32'18 M de euros.

Distribución de los recursos en proyectos aprobados entre julio de 1998 y junio de 1999

■ Por sectores

Total

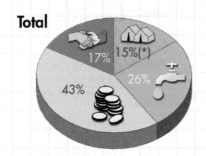

África

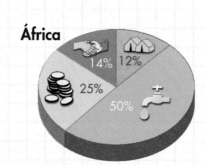

América Latina

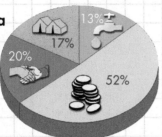

13% — 17% — 20% — 52%

Asia

7% — 20% — 72%

 Cobertura de necesidades básicas y acceso a servicios sociales
- Alimentación, salud y saneamiento ambiental, agua potable, educación, vivienda y capacitación laboral.

 Promoción de alternativas económicas sostenibles
- Sector agropecuario (rural): mejora de la producción agrícola/ganadera, transformación y comercialización.
- Sector informal (urbano marginal): microcréditos a pequeños productores/comerciantes, formación en microempresas y acceso a la comercialización.

 Fortalecimiento de la sociedad civil
- Apoyo a organizaciones de la sociedad civil que defienden los intereses de la población excluida y los derechos humanos.

 Emergencias y Ayuda humanitaria (*).
(*) El total de donativos privados recibidos por Emergencias durante el ejercicio 98-99 asciende a 1.246 millones de pesetas (7'50 millones de euros). Contabilizamos en este ejercicio la parte ejecutada a 30 de junio de 1999. El resto se aplicará durante los próximos dos años.

■ *Por áreas geográficas*

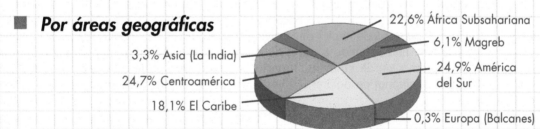

22,6% África Subsahariana
6,1% Magreb
3,3% Asia (La India)
24,9% América del Sur
24,7% Centroamérica
18,1% El Caribe
0,3% Europa (Balcanes)

 2. Redactad un resumen o un breve informe con estos datos. Cada pareja se encarga de un apartado. Usa el indefinido y las expresiones correspondientes.

 Usa las siguientes expresiones para...
- ordenar el discurso en el tiempo:
  En primer lugar, ...
  En segundo lugar, ...
  En tercer lugar, ...
  Para terminar, ...
- resumir una parte del relato:
  En resumen, ...

- añadir información:
  Además, ...
  También ...

- presentar información contrastándola:
  Sin embargo, ...

 3. Poned en común el trabajo realizado.

HISPANOAMÉRICA

HISPANOAMÉRICA

Rodrigo Dos Santos ha llegado a Yucatán Salvaje. Ligia Noriega, Directora de Planeación, le ha recibido y le ha enseñado las instalaciones de la oficina, también le ha presentado a su equipo.
Ahora empieza la presentación de la Sra. Ligia Noriega.

Escucha la presentación y completa los espacios.

[27]

Esta mañana nos acompaña el (1) ....
Rodrigo Dos Santos a quien ya conocen todos ustedes. Su visita a la ciudad de México se debe a la reciente asociación entre su empresa y la nuestra, Yucatán Salvaje.
Yucatán Salvaje desea participar de las posibilidades que ofrece el sector turístico y por ello junto con el Sr. Dos Santos queremos ser responsables de la (2) ....
.... y programación de nuevos paquetes turísticos enfocados a la formación de ejecutivos, estamos muy interesados en (3) .... un programa de
(4) .... sobre el (5) .... de equipos en el que participen los dirigentes empresariales de nuestro país o incluso a traer a equipos de empresas de nuestros países vecinos.
En este momento, México es un país atractivo para la inversión en el sector turístico, así como para la formación de ejecutivos.
En primer lugar, ustedes conocen la importancia del sector turístico que representó el 8.2 % del (6) .... y participó con el 6.0 % de las (7) .... en promedio del país. Segundo, los turistas aumentaron 6.3% su gasto (8) .... La ampliación y (9) .... de la infraestructura es parte fundamental de la diversificación de los destinos turísticos. Estos sólidos resultados se han obtenido a través de cinco años de esfuerzo de la presente administración: la promoción de la inversión nacional y extranjera en la actividad turística alcanzó los 5103,3 millones de dólares. Esta es la optimista realidad de nuestro sector turístico.

Los espacios que has completado le parecen algo raros a Rodrigo.
¿Cómo son estas palabras en español de España, se pregunta Rodrigo? Comentadlo toda la clase.

Ligia Noriega dice en su presentación...	En español de España dicen...
1.	a. ....
2.	b. ....
3.	c. ....
4.	d. ....
5.	e. ....
6.	f. ....
7.	g. ....
8.	h. ....
9.	i. ....

De acá y de allá

Escala esta antigua pirámide mexicana.
Contesta a las preguntas de las piedras de la pirámide. En caso de desconocer la respuesta, búscala en el apartado de las Claves (ver libro de ejercicios).
Si consigues contestar todas las preguntas y llegas a la morada del dios Sol, tendrás la suerte de los protegidos por este dios, dios de la fortuna y la vida.

13. ¿En qué siglo se fundó la ciudad de México?

11. ¿Cómo desplazarse por la ciudad de México?

12. Si en México D.F. pido a un taxista que me lleve a Polanco, ¿qué voy a ver?

7. Tres ciudades de México.

8. Tres elementos de la gastronomía de México.

9. Tres accidentes geográficos.

10. Tres lugares turísticos.

1. ¿Cuál es la capital industrial del país?

2. La ciudad de México, ¿es la más grande del mundo?

3. ¿Cuál es el símbolo de la ciudad de México?

4. ¿Por qué ha crecido tanto la ciudad de México?

5. ¿Cuántos kilómetros de frontera comparten México y EE.UU.?

6. ¿Cuál es el problema medioambiental más grave de la ciudad de México?

Hombres de empresa:
del anonimato al reconocimiento

En esta unidad aprendes a...

■ **Hablar de hechos del pasado**

En enero de 1985 trabajé de jefe de personal en la empresa *Construcciones de lujo*....

■ **Describir situaciones del pasado**

▶ ¿Cuáles eran sus funciones?
▷ Pues entrevistaba a los nuevos candidatos, preparaba los anuncios de prensa...

■ **Expresar obligación**

En mi opinión, un buen ejecutivo **debe demostrar** confianza en su equipo y **lo que nunca tiene** que hacer es ser inflexible en la aplicación de sus ideas.

■ **Referirse a una parte del discurso**

Respecto a la promoción dentro de la empresa...
En cuanto a la jornada laboral reducida...

■ **Expresar conclusiones**

En conclusión...
O sea que...

■ **Cambiar una cita de día**

El lunes a las 10 de la mañana me es imposible asistir. ¿Podríamos quedar en otro momento?

■ **Preguntar por un proceso de selección**

Llamaba para informarme del proceso de selección de Oficial administrativo que se publicó...

unidad 8

Hombres de empresa:
del anonimato al reconocimiento

1. Las primeras salidas profesionales

1.1. Lee los siguientes anuncios de trabajo y subraya lo que no entiendas.

EMPRESA LÍDER EN EL SECTOR DE ALIMENTACIÓN ANIMAL
busca
INFORMÁTICO

SE REQUIERE:
- Edad de 25 a 35 años.
- Nivel estudios: diplomado o titulado superior en Informática.
- Conocimientos de Navision Financials, Lotus Notes, Oracle, Windows NT y Paradox.
- Experiencia demostrable.
- Abstenerse personas sin conocimientos de Navision Financials.

SE REQUIERE:
- Incorporación inmediata.
- Contrato indefinido.
- Retribución según valía.

Interesados, enviar *currículum vitae* al apartado de Correos 58, 28070 Colmenar de Arroyo. Citar referencia *Informático*.

Grupo empresarial cotizado en Bolsa con fuerte implantación nacional, busca para su sede central en Madrid:

SECRETARIA DE ALTA DIRECCIÓN

SE REQUIERE:
- Profesional con 8-10 años de experiencia como secretaria de presidencia o de alta dirección.
- Dominio de idiomas: inglés y francés recomendable.
- Experta en herramientas ofimáticas y nociones contables.
- Coordinación de agendas y relaciones externas.
- Horario especial de dirección.
- Edad 32-36 años.

SE OFRECE:
- Incorporación inmediata con contratación fija.
- Retribución a convenir según experiencia aportada.

Interesados, enviar C.V. con foto reciente y pretensiones económicas a: c/ Juan Álvarez de Mendizábal, 21. 28004 MADRID.

Empresa industrial con 70 empleados precisa
COORDINADOR RRHH
Requisitos
- Edad entre 30 y 40 años.
- Graduado social o equivalente.
- Carnet de conducir y disponibilidad horaria.

Se ofrece
- Contrato laboral.
- Remuneración según valía.

Interesados enviar urgentemente CV a la dirección e-mail:
rrhhteco@stl.logicontrol.es

COMPAÑÍA DE FORMACIÓN VIRTUAL
PIONERA EN EL MUNDO DE INTERNET
selecciona
CONSULTORES COMERCIALES DE FORMACIÓN
Perfil
- Profesional con amplia experiencia comercial en venta de servicios, preferentemente en el ámbito de la formación, consultoría de RR.HH. o editorial.
- Diplomados/as o licenciados/as con capacidad de interlocución a alto nivel.

**Interesados enviar urgentemente CV a:
mperez@directonet.com**

1.2. Buscad entre todos el significado de las palabras que habéis subrayado. Podéis consultar el diccionario o preguntar al profesor.

1.3. En grupos, escoged un anuncio y preparad las preguntas para un candidato. No os olvidéis de preguntar por los períodos de tiempo.

Ejemplo:
- ¿En qué empresas ha trabajado usted?
- ¿Cuánto tiempo estuvo en el cargo de...?
- El inglés, ¿lo habla de forma fluida?

1.4. Escoged otro anuncio y preparad un currículum en el que detalléis la vida profesional de un posible candidato.

Las partes en las que puedes dividir el currículum son:
- Datos personales
- Formación
- Experiencia profesional
- Publicaciones
- Idiomas

A la izquierda se indica el período de tiempo y a la derecha la empresa, el cargo ocupado o las labores desempeñadas de forma muy resumida. Aquí tienes un ejemplo.

Ejemplo:

> Consultor comercial de formación
>
> **Mayo 2006**   *Página 7*, Servicios editoriales.
>
> Consultor. Análisis de viabilidad de proyectos.
>
> Gestión de equipos.
>
> Contratos con autores y de coedición.

Para especificar las destrezas en una lengua extranjera, usa:
- Certificado de nivel.
- Estancia en el país correspondiente.

Ejemplo:

Español	Lengua materna.
Inglés	Nivel superior. Título de la Escuela Oficial de Idiomas.
	5° curso. Estancia de 2 años en Cambridge University.
Alemán	Nivel medio. Título *Mittlestufe* del Goethe Institut.
Portugués	Nivel hablado: fluido.
	Nivel escrito: medio.

2. Toma de contacto: al teléfono

2.1. Escucha las siguientes conversaciones telefónicas. Relaciona cada conversación con su tema.

[28]

- ☐ **a.** Preguntar por el resultado de una entrevista.
- ☐ **b.** Citar a un candidato.
- ☐ **c.** Preguntar por un proceso de selección.
- ☐ **d.** Cambiar una cita de día.

2.2. Y ahora, lee las conversaciones telefónicas y anota las expresiones que correspondan, en cada cuadro.

Conversación número 1

- ▶ ¿Sí, dígame?
- ▷ Hola, buenos días. Llamo de la empresa de *Selección de Recursos Humanos*. Usted nos mandó un currículum para el puesto de "Responsable de desarrollo de negocio" y ha sido seleccionado para la primera fase de entrevistas.
- ▶ Ah, muy bien. ¿Y cuándo es la entrevista?
- ▷ Pues el jueves a las 10 de la mañana en nuestras oficinas.
- ▶ ¿Por quién pregunto?
- ▷ Pregunte por el Sr. Palomar.
- ▶ Muy bien. El jueves a las 10 de la mañana y pregunto por el Sr. Palomar. De acuerdo. Muchas gracias.
- ▷ A usted. Adiós.
- ▶ Adiós.

Conversación número 2

- ▶ Hola, buenas tardes.
- ▷ Hola, buenas tardes.
- ▶ Soy la Sra. de Pablo. Tenía una cita con el Sr. Gil mañana por la tarde pero me es imposible asistir. Quería avisarles y ver si podemos quedar en otro momento.
- ▷ Un momento por favor que consulto su agenda. Vamos a ver, ¿usted puede el viernes a la misma hora?
- ▶ El viernes, sí, perfecto. Pues el viernes nos vemos. Muchas gracias.
- ▷ De nada. Adiós.
- ▶ Adiós.

Conversación número 3

▶ Telefónica, Recursos Humanos, ¿dígame?

▷ Hola, buenos días. Llamaba para informarme del proceso de selección de "Oficial administrativo" que apareció publicado en el *ABC* el 7 de noviembre. Mandé el currículum hace 4 semanas y todavía no me han contestado.

▶ ¿Me puede decir la referencia, por favor?

▷ Sí, era la 123-C.

▶ Un momento, por favor.
Todavía no se ha respondido a las solicitudes enviadas. Se están revisando los currículos.

▷ Está bien, gracias.

▶ De nada. Adiós.

▷ Adiós.

Conversación número 4

▶ Diseño web, buenas tardes.

▷ Hola, buenas tardes. Soy Vanesa Fuentes y mantuve una entrevista con Vds. hace 10 días, el jueves 23. No he recibido todavía ninguna contestación y era para informarme.

▶ Sí, un momento. Me dice que es Vd. Vanesa Fuentes.

▷ Sí, eso es.

▶ Muy bien, pues estaba ahora mismo escribiéndole un correo electrónico emplazándole a una segunda fase de entrevistas.

▷ ¡Ah! Así que he superado la primera fase.

▶ Sí, quedan 3 candidatos y las entrevistas son el día 8, de 10 de la mañana a 1 de la tarde.

▷ Pues muchas gracias.

▶ De nada, a usted.

Para saludar

Para despedirse

Para aplazar una cita

Para agradecer la información o ayuda

Para preguntar por los detalles de una entrevista o cita

Para confirmar algún dato

Para identificarse una persona o una empresa

2.3. Preparad una conversación telefónica sobre uno de los temas vistos. Prestad atención a los tiempos verbales y a las expresiones como *pues, bueno*...

2.4. Delante de toda la clase, representad vuestra conversación telefónica.

3. En la entrevista de trabajo

[29]

3.1. Escucha la siguiente entrevista para Jefe de Departamento de Edición de la Editorial Edinumen y señala qué funciones realizaba la candidata en sus anteriores puestos de trabajo.

- a. Realizaba las entrevistas de trabajo.
- b. Estaba en contacto con los proveedores.
- c. Llevaba la contabilidad de la empresa.
- d. Visitaba a los clientes más importantes.
- e. Pedía presupuestos a los proveedores.
- f. Supervisaba la calidad de los procesos de edición.
- g. Era la encargada del servicio de mantenimiento.
- h. Preparaba la campaña de lanzamiento del nuevo producto.
- i. Desarrollaba el plan de presentación a los medios de comunicación.
- j. Firmaba convenios de colaboración.

3.2. Lee las respuestas de la candidata y colócalas en el lugar adecuado.

► Buenas tardes, Sra. Medina.
▷ (1) ....
► Siéntese, por favor.
▷ (2) ....
► Bien, en su currículum he visto que Ud. estuvo en el Servicio de Ediciones de la Universidad Castilla la Mancha.
▷ (3) ....
► ¿De qué se encargaba?
▷ (4) ....
► Sí, muy bien. En su currículum pone que fue jefa de prensa y comunicación.
▷ (5) ....
► ¿Me podría precisar cuáles eran sus funciones?
▷ (6) ....
► Muy bien, muy bien. Domina el inglés.
▷ (7) ....
► También habla el alemán.
▷ (8) ....
► Muy bien, Sra. Medina. Muchas gracias por su tiempo.
▷ (9) ....

A – Pues, estaba en contacto con los diferentes proveedores, ya sabe, empresas de papel, imprentas, almacenaje, transporte... Tenía que pedir presupuestos, después los analizaba y encargaba el trabajo. También supervisaba la calidad de los procesos de edición.

B – Sí, entré a trabajar allí en septiembre de 1999.

C – Buenas tardes.

D – Sí, el año pasado empecé a estudiarlo en el Instituto Alemán. Hice el examen hace cinco semanas y ayer mismo me dieron el título.

F – Gracias.

E – Pues desarrollaba el plan de presentación a los medios de comunicación y prensa de los nuevos títulos que se publicaban, concertaba entrevistas con los autores de nuestros libros, buscaba quien nos pudiera reseñar las obras, me encargaba de remitir a las universidades e instituciones con las que teníamos convenio el material nuevo, también me encargaba de la firma de este tipo de convenios...

G – Sí, estuve hace 3 años en la universidad de Cambridge durante un período de dos años y colaboré con su editorial.

H – Sí, efectivamente. Desde mediados de enero del año pasado hasta abril de este año me ocupé del servicio de prensa y comunicación.

I – Muchas gracias a ustedes.

3.3. **Hay una nueva forma verbal para hablar del pasado: el imperfecto. Fíjate en su morfología y subraya las formas que encuentres en el texto.**

Pretérito imperfecto		
Diseñar	Perder	Dirigir
Diseñ**aba**	Perd**ía**	Dirig**ía**

- Los verbos en –er y en –ir se conjugan igual.
- Hay verbos que son irregulares en otros tiempos y no en el imperfecto.

3.4. **Completa la siguiente tabla con todas las personas del pretérito imperfecto.**

	Pedir			
yo				desarrollaba
Tú		analizabas		
Él, ella, usted				
Nosotros, nosotras			encargábamos	
Vosotros, vosotras				
Ellos, ellas, ustedes			supervisaban	

				Buscar	
yo				me encargaba	
Tú					
Él, ella, usted	publicaba				
Nosotros, nosotras					teníamos
Vosotros, vosotras		concertaban			
Ellos, ellas, ustedes					

- El indefinido se usa para indicar hechos:

  En 2005 *trabajé* de jefe de personal.

- El imperfecto para describir situaciones:

  ▸ ¿Y cuáles *eran* sus funciones?

  ▹ Pues, *tenía* que llevar las nóminas de toda la empresa, *entrevistaba* a los nuevos candidatos...

4. La vida profesional de mis compañeros

4.1. Prepara las preguntas para hacer a tus compañeros sobre los siguientes temas:

- Trabajo actual.
- Puestos ocupados en anteriores trabajos.
- Funciones que realizaba.
- Periodos de tiempo o duración de los puestos.

4.2. En la pizarra, escribid las preguntas que habéis formulado. Entre todos y con ayuda del profesor, las corregiréis.

Hombres de empresa

4.3. Completa el cuadro, haciendo las preguntas que has preparado a cuatro compañeros.

Apellido/s ....

- **Trabajo actual** ....
  - Empresa / puesto ....
  - Funciones ....
  - Inicio ....
- **Trabajo 2** ....
  - Empresa / puesto ....
  - Funciones ....
  - Duración ....
- **Trabajo 3** ....
  - Empresa / puesto ....
  - Funciones ....
  - Duración ....

Apellido/s ....

- **Trabajo actual** ....
  - Empresa / puesto ....
  - Funciones ....
  - Inicio ....
- **Trabajo 2** ....
  - Empresa / puesto ....
  - Funciones ....
  - Duración ....
- **Trabajo 3** ....
  - Empresa / puesto ....
  - Funciones ....
  - Duración ....

Apellido/s ....

- **Trabajo actual** ....
  - Empresa / puesto ....
  - Funciones ....
  - Inicio ....
- **Trabajo 2** ....
  - Empresa / puesto ....
  - Funciones ....
  - Duración ....
- **Trabajo 3** ....
  - Empresa / puesto ....
  - Funciones ....
  - Duración ....

Apellido/s ....

- **Trabajo actual** ....
  - Empresa / puesto ....
  - Funciones ....
  - Inicio ....
- **Trabajo 2** ....
  - Empresa / puesto ....
  - Funciones ....
  - Duración ....
- **Trabajo 3** ....
  - Empresa / puesto ....
  - Funciones ....
  - Duración ....

4.4. Comenta a la clase el perfil profesional de un compañero sin decir el nombre. El resto de la clase tiene que averiguar de quién se trata.

5. Crecer profesionalmente: un cambio de empresa

5.1. Señala cómo crees que puede triunfar una persona que asume la dirección de un equipo de trabajo ya organizado. Marca cada criterio con una valoración de 1 (+ negativo) a 5 (+ positivo).

☐ Debe mostrarse inflexible con la aplicación de sus ideas.

☐ Debe diseñar un buen plan de trabajo.

☐ Debe demostrar confianza en su equipo.

☐ Debe dar ejemplo con su comportamiento.

☐ Debe compartir los méritos de los éxitos obtenidos con todo el equipo.

☐ Debe destruir la etapa anterior.

☐ No debe dejar de lado las tareas técnicas para cubrir sus objetivos.

☐ Debe estudiar a su equipo: quiénes son, qué objetivos tienen y cuáles han sido sus progresos.

☐ Debe imitar las actuaciones de su predecesor.

☐ Debe resolver desde el primer día los pequeños y los grandes problemas.

☐ No debe descuidar la red de contactos personales.

☐ Debe traerse a su equipo de confianza y deshacerse del equipo anterior.

☐ No debe dejar pasar el tiempo sin hacer notar su presencia.

5.2. Comenta tus puntos de vista con tus compañeros.

Ejemplo:
- En mi opinión, en una empresa que ya existe, el jefe nuevo lo primero que tiene que hacer es... En segundo lugar, tiene que... Por último, debe... Lo que nunca tiene que hacer es...

5.3. Escucha la siguiente tertulia radiofónica. Varios consultores expertos comentan con qué situaciones se puede encontrar el directivo que cambia de empresa y cuál debe ser su reacción.

[30]

5.4. Completa con tu compañero la siguiente tabla.

Situación del anterior jefe	Reacción del nuevo jefe

6. Un reto diferente: la empresa propia

6.1. **Roberto Alcalde es el presidente de** *Coronel Tapiocca*, **la mayor cadena española de tiendas de ropa y complementos de aventura. Relaciona las respuestas con las preguntas.**

Coronel Tapiocca

PREGUNTAS

1. ¿Qué era lo que hacía antes de fundar la mayor cadena española de tiendas de ropa?
2. O sea, que no tenía mucho tiempo para su familia.
3. ¿Cómo empezó la idea de *Coronel Tapiocca*?
4. ¿Cuáles cree que fueron las claves de la gestión?
5. Respecto a la evolución en el crecimiento de su negocio, ¿qué nos puede comentar?

RESPUESTAS

a. Lo fundamental fue que un día llegó a mi mesa la oportunidad de mi vida. Un proyecto por el que merecía la pena dejarlo todo. La idea era crear una especie de supermercado de la aventura. A esto se unió el hecho de que según asumía puestos de mayor responsabilidad, crecía mi desinterés por el trabajo que realizaba.

b. Pues, aquí las cifras y el número de tiendas habla por sí solo. En 1989, año de nuestra apertura, teníamos 3 tiendas que en el 95 se multiplicaban por 27, es decir, en 1995 ya contábamos con 71 puestos de venta. Ahora, en el 2000, hay 167 tiendas repartidas por España y Europa. La cifra de negocio asciende hoy a algo más de 54 millones de euros.

c. Bueno, yo era un ejecutivo que me pasaba todo el día en el avión, el avión era mi casa y los hoteles mi hogar.

d. Yo, en su momento, ya apostaba por una doble vía: el servicio al cliente y un elevado grado de especialización. Y son todavía las claves de nuestro éxito. El mercado manda.

e. No, no mucho, la mayor parte del tiempo la dedicaba a la empresa.

1. ☐   2. ☐   3. ☐   4. ☐   5. ☐

6.2. **Subraya en el texto las siguientes expresiones y piensa en sus funciones:**

- O sea que
- Lo fundamental es que
- Respecto a
- Bueno
- Pues

6.3. **Escribe las expresiones anteriores debajo de su función:**

Para sacar conclusiones

....

....

Para hablar de un tema o aspecto concreto

....

....

Para destacar un hecho

....

....

Para tomarse tiempo al hablar

....

....

6.4. Aquí tienes otras expresiones para las mismas funciones. Agrúpalas en las tablas de arriba.

- Bien
- En cuanto a
- En conclusión
- Lo más importante es que

6.5. Cuenta, por escrito, una experiencia propia en la que integres el uso de las expresiones vistas. Luego se lo contarás al resto de la clase.

....

....

....

....

....

....

....

....

7. Con nombre propio

7.1. Elige un verbo para cada frase y colócalo en su forma del pasado adecuada (imperfecto o indefinido).

suministrar   convertirse

existir   ser   trabajar

conseguir   poner   llegar

a. En el siglo XIX no .... los grandes almacenes ni las tiendas de moda.

b. Modistos y modistas .... por encargo en los diseños más modernos que .... de París.

c. Las mercerías .... la materia prima.

d. Felipe García-Quirós .... en marcha un nuevo negocio.

e. Ese pequeño negocio .... el germen de *Cortefiel*.

f. La empresa .... ser la primera multinacional española en la distribución.

g. Además, ... en un clásico en cuestiones de moda y de diseñadores españoles.

7.2. **Lee el siguiente texto sobre cómo nacía** *Cortefiel* **a finales del siglo XIX.**

*"En el siglo XIX no **existían** los grandes almacenes, ni siquiera las tiendas de moda. Modistas y modistos **trabajaban** por encargo en la realización de los diseños más modernos que **llegaban** a España procedentes de París. Para suministrar materia prima a los escasos creadores de aquella época **estaban** las mercerías, donde se **podía** encontrar de todo, desde un alfiler hasta un botón. Felipe García-Quirós puso en marcha, entonces, uno de esos establecimientos con intención de hacer negocio y... lo logró. Ese pequeño comercio fue el germen de Cortefiel, una empresa que ha conseguido ser la primera multinacional española en la distribución y, por su historia, un clásico en el desarrollo de la moda y los diseñadores españoles."*

Texto adaptado de la revista *Dinero*,
"Historia empresarial de España. Siglo XX"

7.3. **Responde a las siguientes preguntas.**

a. ¿Existían en el siglo XIX las tiendas de moda?
b. ¿Qué hacían los modistos en aquella época?
c. ¿Se diseñaba en España?
d. ¿Cuál era una de las funciones de las mercerías?
e. ¿Crees que hoy en día existen las mercerías?

7.4. **Aquí tienes otros datos de la historia de la misma empresa** *Cortefiel*. **Entre los datos anteriores y los siguientes, escribe un pequeño texto para la revista** *Hacer dinero*, **una revista sensacionalista dentro del mundo de la empresa que se hace eco de los grandes hombres y mujeres y las grandes ideas. No olvides usar las expresiones para ordenar un discurso que ya conoces y las del ejercicio anterior.**

Recuerda lo que has aprendido en la actividad 3.4. de esta unidad: el indefinido se usa para señalar hechos y el imperfecto para describir situaciones.

- El secreto del éxito [ser] la continuidad.
- De 1968 a 1970 [intentarse] la expansión a EEUU sin mucho éxito.
- 1975: [Adoptarse] el nombre *Cortefiel* como denominación social.
- 1977: Gonzalo Hinojosa, [convertirse] en Consejero Delegado de la firma hasta la actualidad. [Ser] el impulsor del grupo desde entonces.
- 1985: La firma [dar] un giro a su política de expansión y [fragmentarse] la oferta del grupo por clases de tiendas. [Nacer] firmas como *Milano* (1984), *Springfield* (1988) y *Women Secret* (1993).
- 1990: [Convertirse] en socio del británico *Marks&Spencer*.
- 1993: Sus hijos [decidir] ampliar la actividad y [abrir] una fábrica de camisas en Madrid.
- Ese mismo año, se [comenzar] a explotar la marca *Cortefiel* para los trajes.

- 1995: Tras el éxito de la iniciativa de 1993, [**animarse**] a crear *Manufacturas del Vestido*, la primera empresa de sastrería que [**incorporar**] las técnicas de fabricación de EE.UU.
- 1997: [**Firmar**] una *joint venture* con la perfumería alemana *Douglas*.
- En la actualidad: tienen 96 tiendas propias en Europa y 329 en España.

8. Preposiciones

Completa con la preposición adecuada.

1. Necesita traer a la entrevista .... trabajo los certificados originales.

2. Llamo .... informarme de los resultados de la entrevista.

3. ¿ .... qué se encargó durante su trabajo en la editorial?

4. .... mediados del año pasado colaboró con la revista *Emprendedores*.

5. Las cifras hablan .... sí mismas: el crecimiento ha sido espectacular.

6. Tuve una época en la que no pude dedicar mucho tiempo .... mi familia. Pero ya pasó.

9. Escribe

Carta de presentación

Cuando envías un *currículum vitae* a una empresa debes acompañarlo de una breve carta de presentación, en la que se hace referencia a:

- la referencia al puesto de trabajo y tu interés por él
- tu interés por la empresa
- tus cualidades más destacadas
- tu disposición a entrevistarte

Escribe una carta de presentación para el currículum que habéis preparado en la actividad 1.4. de esta unidad. Aquí tienes un modelo.

Att. Jefe de Recursos Humanos

Estimado Sr.:

Me dirijo a usted con motivo de la oferta de trabajo con referencia 23B-67, aparecida en *El País* el pasado día 30 de enero.

Estoy muy interesado en integrarme en una empresa internacional, como es la suya, en continua expansión. Domino tres idiomas y puedo mantener una conversación sin problemas en otros dos. Como pueden ver en mi currículum y en la documentación adjunta, llevo seis años trabajando en el sector con notable éxito en el desempeño de mis labores. Pueden pedir referencias en las empresas en las que he trabajado.

Sin otro particular y a la espera de poder mantener una entrevista con Vds., reciban un cordial saludo,

10. Diferencias culturales

Horarios comerciales

10.1. Pregunta a tus compañeros por el horario comercial de sus países y completa los datos. También podéis completarlo con los datos de algún país que hayáis visitado.

País	Días laborables y vísperas de festivo	Domingos y festivos

10.2. Comentad entre toda la clase los resultados.

10.3. Observa la siguiente tabla con los horarios comerciales en algunos países de Europa y saca conclusiones.

País	Días laborables y vísperas de festivo	Domingos y festivos
Alemania	Libertad de apertura de 6.00 a 20.00 horas. De 6.00 a 16.00 en sábados y vísperas de festivos.	En contadas ocasiones, con muy pocas excepciones.
Bélgica	Libertad de apertura de 5.00 a 20.00 horas. Viernes hasta 21.00, sábados y vísperas cerrado.	En contadas ocasiones, con muy pocas excepciones.
España	Libertad hasta las 90 horas semanales.	En total al año, 9 festivos en 2001, 10 en 2002, 11 en 2003, 12 en 2004. En el 2005 se hace una nueva negociación.
Francia	Libertad de apertura sin restricciones.	Libertad para empresas unipersonales y posibilidad para el resto (si cierra otro día).
Grecia	Libertad de apertura con un máximo de 48 horas semanales. Cierre a las 20.00 horas, 21.00 en verano y hasta 18.00 en sábados y vísperas de festivos.	En contadas ocasiones, con muy pocas excepciones.
Holanda	Libertad de apertura de 6.00 a 22.00 horas.	12 domingos al año, de 6.00 a 19.00 horas, y festivos con excepciones.
Italia	Libertad de apertura de 7.00 a 22.00 horas, de lunes a sábado, con un máximo de 13 horas diarias. Un día a la semana cierre obligatorio a las 13.00 horas.	Libertad de apertura de 6.00 a 22.00 horas. 8 al año y todos los de diciembre.
Portugal	Libertad de apertura de 6.00 a 24 horas.	Libertad de apertura todos los domingos del año.
Reino Unido	Libertad de apertura y cierre de todos los comercios.	Libertad para el pequeño comercio. Posibilidades de apertura para la gran distribución.

10.4. Lee el siguiente texto. ¿Coincide con lo que has escrito?

Los horarios en Europa

El panorama que presenta la regulación de horarios comerciales en los distintos países de la Unión Europea es tan variopinto como su clima o su gastronomía. La normativa sobre los horarios comerciales en los países que, además de España, forman la U.E. presenta todas las variables posibles que se pueden dar en este tema. Las distintas legislaciones contemplan desde la plena o casi plena libertad y autorregulación por la competencia, como en los casos de Portugal o el Reino Unido, hasta el caso de Bélgica y Alemania, con un horario de apertura y cierre muy concreto y con contadas ocasiones de apertura en domingos y festivos.

Texto adaptado de *Emprendedores*.

11. Lectura

11.1. Indicad qué elementos creéis que pueden influir en vosotros a la hora de hacer la compra.

11.2. Uno de vosotros lee el siguiente texto en voz alta. Los demás, escuchad atentamente.

Los trucos que nos hacen comprar

La distribución de los productos en un moderno supermercado no tiene nada que ver con el azar ni con la comodidad del cliente. La colocación de artículos, el orden, la situación, todo está dispuesto para provocar estímulos de compra según los estudios cada vez más elaborados de "merchandising". Hay que saber que los clientes tienden hacia la derecha, por eso se colocan a ese lado las secciones y los productos con más alto margen de ganancia y se deja para la izquierda los productos más básicos.

La música identifica el país y el producto. Así, la venta de vinos franceses aumenta cuando suenan canciones de este país. También los olores influyen. Nada como el aroma a pan para animar a los indecisos y a los que no tenían necesidad de comprar este producto, aunque sólo sea para consumir en el momento de la compra.

Los colores producen "choques psicológicos" en el consumidor, que puede verse atraído en mayor o menor medida en función de las gamas que se utilicen. El color es fundamental en los envases de los productos y en la diferenciación de las secciones. De esta forma, el amarillo es el mejor color para las novedades. El rojo y el verde sugieren solidez. La suma de rojo y azul cielo despierta ternura y deseo.

Sobre los números, hay que decir que las cifras acabadas en 5, 7 y 9 tienen más atracción sobre el cliente.

Por último, si necesita la ayuda de un vendedor, tenga cuidado con sus afirmaciones. Una técnica de persuasión es lograr que el cliente diga sí varias veces. Después es más difícil decir que no.

Texto adaptado de *Blanco y Negro*.

11.3. ¿Cuáles son los motivos que según el texto influyen en los compradores?

Tarea final

Un personaje con historia...

 1. Entre todos, escribid en la pizarra nombres de empresas y personas vinculadas a esas empresas que os son familiares dentro de los países de habla hispana.

 2. En grupos de tres, escoged una empresa sobre cuya historia y directivos os gustaría obtener más información.

 3. Buscad toda la información que os pueda ser útil para preparar una entrevista a una de las personas que más os llame la atención de la empresa que habéis seleccionado. Recordad que podéis recurrir a vuestra biblioteca, podéis buscar en Internet, etc.

 4. La entrevista puede ser en directo (radio) o puede estar preparada para un artículo de prensa. Tenéis que pensar qué orientación le queréis dar (más sensacionalista, centrándoos en un aspecto concreto de su vida profesional, etc.) y quién es vuestro público destinatario (los directivos, los nuevos empresarios, la prensa en general, etc.).

En función de vuestro objetivo final, preparad las preguntas que queréis hacer:

- cuántas lenguas habla y si le han resultado útiles
- qué pensó la primera vez que...
- cuál fue su peor reunión (o su mayor fracaso)
- cómo preparaba sus primeras reuniones, cómo las prepara ahora
- etc.

Recordad usar los recursos lingüísticos que habéis trabajado en esta unidad y en las unidades 6 y 7 (es decir, todos los pasados y sus marcadores, las partículas relacionadas con el discurso...).

 5. Exponed a la clase el resultado de vuestro trabajo. Podéis hacerlo con fotocopias, haciendo una representación de la entrevista, grabando la entrevista en una cinta, etc.

Los demás, tenéis que tomar notas del trabajo de vuestros compañeros. Al final, podréis hacerles preguntas sobre lo que no os quede claro o sobre otras informaciones que os interesen.

HISPANOAMÉRICA

HISPANOAMÉRICA

1

El Sr. Rodrigo Dos Santos está leyendo un informe de la Cámara de Comercio argentino-mexicana, pero en las tablas falta parte de la información.

Trabajad por parejas.

Pregunta a tu compañero, él tiene parte de los datos que tú necesitas. Entre los dos tendréis toda la información.

Alumno A

Recuerda:
- ¿Cuánto era el producto interior bruto en 1995/ la tasa de...?
- ¿A cuánto estaba el peso en 1997?
- ¿A cuánto ascendía...?
- ¿Cuál era el porcentaje de...?

	Argentina	**México**
Producto Bruto Interno* (1995)	270.8	249.9
Prod. Bruto Interno per cápita* (1995)		2,738
Crecimiento Producto Bruto Interno (%)	8.0 (est 1997)	7.0 (ene-jun 1997)
Inflación (%)		15.72 (ene-dic 1997)
Tasa de desempleo (1994) (%)	12	9.8
Tasa de interés (30 días) (%)	8.02 (abr 1997)	18.75 (dic 1997)
Tipo de cambio (pesos por US dólar)		8.58 (feb 1998)
Déficit público (% del PBI)	1.4 (1997)	−0.5 (jul 1997)
Deuda pública externa*		88,321 (dic 1997)
Inversión extranjera* (1996)	n.d.	22,322
Inversión extranjera directa	6,500	8,168
Balanza comercial* (1996)		6,530
Exportaciones* (1996)	23,811	96,003
Principales productos	Carne, trigo, maíz, aceites vegetales, manufacturas	Petróleo y sus derivados, café, plata, motores para automóviles, productos electrónicos, automóviles.
Socios comerciales (%)	Aladi 46.6 Brasil 27.8 Unión Europea 19.2 E.U.A. 8.3	E.U.A. 83.9 Unión Europea 3.7 Aladi 3.6 Japón 1.5
Importaciones* (1996)		89,469
Principales productos	Maquinaria y equipo, productos químicos, derivados del petróleo, productos agrícolas, metales.	Maquinaria industrial y agrícola, productos de acero, equipo eléctrico, autopartes y accesorios para automóviles.
Socios comerciales (%)	Aladi 30.9 Unión Europea 29.0 Brasil 22.4 E.U.A. 18.8	E.U.A. 75.5 Unión Europea 8.7 Japón 4.6 Aladi 2.0
Principales actividades industriales	Procesamiento de alimentos, automóviles, textiles, productos químicos y petroquímicos, imprenta, metalurgia, acero	Alimentos y bebidas, tabaco, productos químicos, hierro y acero, petróleo, minería, textiles, calzado y vestido, automóviles, turismo, productos eléctricos y electrónicos.

*/ Cifras en millones de dólares
n.d. No disponible

http://www.ccam.org.ar/economi.html

Alumno B

Recuerda:
- ¿Cuánto era el producto interior bruto en 1995/ la tasa de...?
- ¿A cuánto estaba el peso en 1997?
- ¿A cuánto ascendía...?
- ¿Cuál era el porcentaje de...?

	Argentina	México
Producto Bruto Interno* (1995)	270.8	
Prod. Bruto Interno per cápita* (1995)	7,990	2,738
Crecimiento Producto Bruto Interno (%)	8.0 (est 1997)	
Inflación (%)	–0,09 (oct 1996-1997)	15.72 (ene-dic 1997)
Tasa de desempleo (1994) (%)	12	9.8
Tasa de interés (30 días) (%)	8.02 (abr 1997)	
Tipo de cambio (pesos por US dólar)	1.005 (dic 1997)	8.58 (feb 1998)
Déficit público (% del PBI)	1.4 (1997)	
Deuda pública externa*	74,688 (mar 1997)	88,321 (dic 1997)
Inversión extranjera* (1996)	n.d.	22,322
Inversión extranjera directa	6,500	
Balanza comercial* (1996)	1,621	6,530
Exportaciones* (1996)	23,811	
Principales productos	Carne, trigo, maíz, aceites vegetales, manufacturas.	Petróleo y sus derivados, café, plata, motores para automóviles, productos electrónicos, automóviles.
Socios comerciales (%)	Aladi 46.6 Brasil 27.8 Unión Europea 19.2 E.U.A. 8.3	E.U.A. 83.9 Unión Europea 3.7 Aladi 3.6 Japón 1.5
Importaciones* (1996)		89,469
Principales productos	Maquinaria y equipo, productos químicos, derivados del petróleo, productos agrícolas, metales.	Maquinaria industrial y agrícola, productos de acero, equipo eléctrico, autopartes y accesorios para automóviles.
Socios comerciales (%)	Aladi 30.9 Unión Europea 29.0 Brasil 22.4 E.U.A. 18.8	E.U.A. 75.5 Unión Europea 8.7 Japón 4.6 Aladi 2.0
Principales actividades industriales	Procesamiento de alimentos, automóviles, textiles, productos químicos y petroquímicos, imprenta, metalurgia, acero.	Alimentos y bebidas, tabaco, productos químicos, hierro y acero, petróleo, minería, textiles, calzado y vestido, automóviles, turismo, productos eléctricos y electrónicos.

*/ Cifras en millones de dólares
n.d. No disponible

http://www.ccam.org.ar/economi.html

2 ¿Recuerdas este anuncio publicado en un periódico de Buenos Aires? (Unidad 3)
También apareció en el periódico mexicano *Expansión* y en el español *ABC*.

Importante empresa brasileña
dedicada a la formación de ejecutivos busca:

Gerente

- Preferiblemente porteño.
- Con capacidad para desarrollar proyectos y realizar tareas de atención a clientes.
- Con experiencia en coordinación de eventos.
- Con excelente manejo de las relaciones interpersonales.
- Muy buenos conocimientos de portugués y castellano y de computación.

Enviar CV y foto urgente, sin omitir remuneración pretendida a:
Plaça Pio X, nº 5 Centro. Río de Janeiro. RJ/CEP 20040-020

Rodrigo Dos Santos ha mantenido varias entrevistas profesionales con candidatos por teléfono.

[31]

Escucha algunos fragmentos.
Identifica el país de origen del candidato.

Conversación con candidato A
País ....

Conversación con candidato B
País ....

Conversación con candidato C
País ....

Apéndice gramatical

Apéndice gramatical

ALFABETO

A	a	(a)	N	n	(ene)
B	b	(be)	Ñ	ñ	(eñe)
C	c	(ce)	O	o	(o)
CH	ch	(che)	P	p	(pe)
D	d	(de)	Q	q	(cu)
E	e	(e)	R	r	(erre)
F	f	(efe)	S	s	(ese)
G	g	(ge)	T	t	(te)
H	h	(hache)	U	u	(u)
I	i	(i)	V	v	(uve)
J	j	(jota)	W	w	(uve doble)
K	k	(ka)	X	x	(equis)
L	l	(ele)	Y	y	(i griega)
LL	ll	(elle)	Z	z	(zeta)
M	m	(eme)			

> *Ignacio Carro Losantos.*
> **i. ge. ene. a. ce. i. o. / ce.a.erre.erre.o. ele.o.ese.a ene.te. o.ese.** Unidad 1.

NÚMEROS

Cardinales

0	cero	10	diez	20	veinte
1	uno	11	once	21	veintiuno
2	dos	12	doce	22	veintidós
3	tres	13	trece	30	treinta
4	cuatro	14	catorce	31	treinta y uno
5	cinco	15	quince	40	cuarenta
6	seis	16	dieciséis	50	cincuenta
7	siete	17	diecisiete	60	sesenta
8	ocho	18	dieciocho	70	setenta
9	nueve	19	diecinueve	80	ochenta
				90	noventa

100	cien	1000	mil
101	ciento uno	2000	dos mil
200	doscientos/as	10 000	diez mil
300	trescientos/as	100 000	cien mil
400	cuatrocientos/as	1 000 000	un millón
500	quinientos/as	10 000 000	diez millones
600	seiscientos/as	1 000 000 000	mil millones
700	setecientos/as	1 000 000 000 000	un billón
800	ochocientos/as		
900	novecientos/as		

> Los adjetivos y pronombres numerales son invariables.
> *Del veintiuno al veintinueve se escriben en una sola palabra pero a partir del treinta y uno hasta noventa y nueve se escriben en dos palabras separadas por la conjunción* **y**.
> La conjunción **y** se coloca entre las decenas y las unidades.
>
> *José Martínez dedica al trabajo los* **trescientos sesenta y cinco** *días del año.* Unidad 3.

NÚMEROS

Ordinales

1°	primero	1ª	primera
2°	segundo	2ª	segunda
3°	tercero	3ª	tercera
4°	cuarto	4ª	cuarta
5°	quinto	5ª	quinta
6°	sexto	6ª	sexta
7°	séptimo	7ª	séptima
8°	octavo	8ª	octava
9°	noveno	9ª	novena
10°	décimo	10ª	décima

Primero y tercero se apocopan delante de un nombre masculino singular:
*Ahora estoy en el **primer** piso.* Unidad 2.
*La consultoría está en el **tercer** piso.* Unidad 2.

ARTÍCULO

Determinado

Masculino singular: **el**
Masculino plural: **los**
Femenino singular: **la**
Femenino plural: **las**

***El** despacho está en **la** plaza Cataluña.* Unidad 2.
***La** sala de vídeo-conferencias está entre **las** salas de reuniones.* Unidad 2.
*El ordenador Psion 3A- X tiene programas para conocer **los** horarios de salida de **los** vuelos.* Unidad 2.

CONTRACCIONES

a + el = **al**
de + el = **del**

*Está **al** lado de la biblioteca.* Unidad 2.
*El despacho **del** director general.* Unidad 2.

ARTÍCULO

Indeterminado

Masculino singular: **un**
Masculino plural: **unos**
Femenino singular: **una**
Femenino plural: **unas**

*La consultoría está en **un** edificio antiguo.* Unidad 2.
*Hay **unas** carpetas debajo del archivador.* Unidad 2.

GÉNERO DE LOS NOMBRES

Masculinos
- son generalmente masculinos los nombres terminados en - o

El trabajo. Unidad 1.

Femeninos
- son generalmente femeninos los nombres terminados en - a

La plaza. Unidad 2.

Masculinos o femeninos
- los nombres terminados en - ista

El periodista (si hablamos de un hombre) Unidad 1.
La recepcionista (si hablamos de una mujer) Unidad 1.

NOMBRES: FORMACIÓN DEL FEMENINO

- los nombres terminados en **- o** cambian esta vocal por **- a**
- los nombres terminados en consonante añaden **- a**

> *abogado, abogada.* Unidad 1.
> *profesor, profesora.* Unidad 1.

NOMBRES: FORMACIÓN DEL PLURAL

- los nombres terminados en vocal añaden **- s**
- los nombres terminados en consonante añaden **- es**
- los nombres terminados en **- z** cambian esta consonante por **- ces**

> *nombres.* Unidad 1.
> *archivadores.* Unidad 2.
> *lápiz, lápices.* Unidad 2.

PRONOMBRES PERSONALES

Pronombres sujeto

yo   (1ª persona singular)
tú   (2ª persona singular)
él   (3ª persona masculino singular)
ella   (3ª persona femenino singular)
usted   (3ª persona singular de cortesía)
nosotros   (1ª persona masculino plural)
nosotras   (1ª persona femenino plural)
vosotros   (2ª persona masculino plural)
vosotras   (2ª persona femenino plural)
ellos   (3ª persona masculino plural)
ellas   (3ª persona femenino plural)
ustedes   (3ª persona plural de cortesía)

> **Yo** soy médico. Unidad 1.
> **Ella** es la señora de Rodríguez. Unidad 1.

SER

Presente de indicativo

Yo	soy
Tú	eres
Él/ella/usted	es
Nosotros/as	somos
Vosotros/as	sois
Ellos/ellas/ustedes	son

Usos
- Para indicar nacionalidad: **Es** español. / **Es** de Madrid. Unidad 1.
- Para indicar profesión: *Ellos* **son** *los arquitectos de la "Casa Giralda".* Unidad 1.
- Para expresar la manera de ser de una persona: *Mi jefa* **es** *una mujer sensible y formal.* Unidad 3.
- Para indicar hora, día, estación del año, año: **Son** *las once menos veinte.* Unidad 4. *Hoy* **es** *jueves.* Unidad 4.
- Para indicar la materia y el color de una cosa: *El mejor color para las novedades* **es** *el amarillo.* Unidad 8.

ESTAR

Presente de indicativo

Yo	estoy
Tú	estás
Él/ella/usted	está
Nosotros/as	estamos
Vosotros/as	estáis
Ellos/ellas/ustedes	están

Usos

- Para indicar la ubicación: *Construluz* **está** *en la avenida de la Constitución.* Unidad 2.
- Para indicar el estado de salud o de ánimo: *Él* **está** *descontento con su sueldo.* Unidad 3.
- Para preguntar por la fecha o por el día de la semana: *¿A cuántos* **estamos** *(hoy)?* Unidad 4.

HAY # ESTÁ/ESTÁN

Hay + un
Hay + una
Hay + unos
Hay + unas

Hay *un ordenador encima de la mesa.* Unidad 2.
Los disquetes **están** *a la derecha del ordenador.* Unidad 2.

El + nombre masculino singular + **está**
La + nombre femenino singular + **está**

Los + nombre masculino plural + **están**
Las + nombre femenino plural + **están**

PRESENTE CONTINUO

Se forma con el verbo **estar** y el **gerundio**.

	-AR Hablar	-ER Comer	-IR Vivir
Yo	estoy hablando	estoy comiendo	estoy viviendo
Tú	estás hablando	estás comiendo	estás viviendo
Él/ella/usted	está hablando	está comiendo	está viviendo
Nosotros/as	estamos hablando	estamos comiendo	estamos viviendo
Vosotros/as	estáis hablando	estáis comiendo	estáis viviendo
Ellos /ellas/ ustedes	están hablando	están comiendo	están viviendo

Conjugación:

- Los verbos se clasifican en tres grupos según la terminación de los infinitivos: **-ar, -er, -ir.**

Gerundios irregulares:

decir { **diciendo**
dormir { **durmiendo**
ir { **yendo**
leer { **leyendo**
oír { **oyendo**
poder { **pudiendo**
preferir { **prefiriendo** El mismo cambio vocálico los verbos: **referirse, invertir, etc.**
repetir { **repitiendo.** El mismo cambio vocálico los verbos: **elegir, conseguir, pedir, etc.**
venir { **viniendo**

Usos:

- Expresa una acción que dura en el momento presente.

El Corte Inglés **está potenciando** *sus agencias de viaje.* Unidad 3.

Apéndice gramatical

INTERROGATIVOS

Pronombres interrogativos que preguntan sobre:

la manera:	*¿**Cómo** se dice" Italian" en español?* Unidad 1.
personas o cosas:	*¿**Cuál** es el número de teléfono de información?* Unidad 1.
la causa:	*¿**Por qué** Ana Pérez es la señora de Rodríguez?* Unidad 1.
cosas:	*¿**Qué** hay encima de la mesa?* Unidad 2.
el lugar:	*¿**Dónde** está su empresa?* Unidad 2.
la cantidad:	*¿**Cuánto** ganan los españoles?* Unidad 3.
personas:	*¿**Quién** es el responsable del departamento?* Unidad 4.
el tiempo:	*¿**Cuándo** aceleró Jazztel el despliegue de su red?* Unidad 7.

INDICADORES DE LOCALIZACIÓN ESPACIAL

- adverbios de lugar: **aquí, ahí, allí.**
- preposiciones simples: **en, entre.**
- preposiciones compuestas: **al final de, debajo de, delante de, dentro de, detrás de, encima de, enfrente de, fuera de, junto a, a la derecha de, a la izquierda de.**

- ***Aquí** en la plaza del Mercado está también la Iglesia de los Santos Juanes.* Unidad 2.
- *El departamento de I+D está **entre** los lavabos y el departamento de finanzas.* Unidad 2.
- *La sala de reuniones está **enfrente de** la recepción.* Unidad 2.

INDICADORES DE PROXIMIDAD Y LEJANÍA

- preposiciones compuestas: **cerca de, lejos de, al lado de.**

*Estamos **cerca de** las Torres de Serranos.* Unidad 2.

INDICADORES DE LA HABITUALIDAD Y LA FRECUENCIA

- adverbios de tiempo: **siempre, nunca, jamás.**
- locuciones adverbiales: **a veces, a menudo, de vez en cuando, una vez** (a la semana, al año,...) etc.

***Siempre** escucha con atención a sus compañeros.* Unidad 3.

INDICADORES DE ANTERIORIDAD Y DE POSTERIORIDAD CON RESPECTO AL PRESENTE

- preposiciones compuestas: **antes de, después de.**
- adverbios y locuciones adverbiales de tiempo: **primero, después, luego, seguidamente, un poco más tarde, a continuación, por último,** etc.

***Primero** abre el correo electrónico.* Unidad 3.

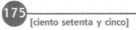

EXPRESIÓN DE LA HORA, DE LA FECHA

> *Los bancos abren **a las ocho y media** de la mañana.* Unidad 4.
> *¿Qué haces **el jueves**?* Unidad 4.

ADJETIVOS DEMOSTRATIVOS

Los adjetivos demostrativos determinan al nombre y no llevan tilde.
Concuerdan en género y número con el nombre.

Masculino singular: **este, ese, aquel.**
Femenino singular: **esta, esa, aquella.**
Masculino plural: **estos, esos, aquellos.**
Femenino plural: **estas, esas, aquellas.**

> ***Este** hotel es perfecto, es precioso...* Unidad 5.
> ***Esta** cadena de hoteles está en todas partes.*
> Unidad 5.

PRONOMBRES DEMOSTRATIVOS

Los pronombres demostrativos pueden llevar tilde.

Masculino singular: **éste, ése, aquél.**
Femenino singular: **ésta, ésa, aquélla.**
Masculino plural: **éstos, ésos, aquéllos.**
Femenino plural: **éstas, ésas, aquéllas.**

> *Yo creo que este hotel es más barato que **ése**.*
> Unidad 5.

Los pronombres tienen formas neutras: **esto, eso, aquello.**

ADJETIVOS POSESIVOS

Singular: **mi, tu, su, nuestro, vuestro, su.**
Plural: **mis, tus, sus, nuestros/as, vuestros/as, sus.**

> ***Mi** empresa está en el edificio la Pedrera.* Unidad 2.
> *El despacho de **nuestro** abogado está en la Plaza Cataluña.* Unidad 2.

ADJETIVO CALIFICATIVO

El adjetivo concuerda siempre con el nombre en género y número. Se coloca normalmente detrás del nombre.

Formación del femenino:
- los adjetivos que terminan en **- o** cambian esta vocal por una **- a**
- algunos adjetivos que terminan en consonante añaden **- a**
- muchos adjetivos son invariables

> *Mario es un hombre **reflexivo**.* Unidad 3.
> *Es una mujer muy **trabajadora**.* Unidad 3.
> *Ricardo es **responsable**.* Unidad 3.
> *Mi jefa es **sensible** y **formal**.* Unidad 3.

Formación del plural:

- los adjetivos terminados en vocal no acentuada en singular añaden **- s**
- los adjetivos terminados en vocal acentuada o consonante añaden **- es**

> *Los Paradores Nacionales están muy bien **equipados**.* Unidad 5.
> *Los ingleses son muy **internacionales**.* Unidad 4.

FORMA APOCOPADA DEL ADJETIVO

- Algunos adjetivos cuando van colocados delante de un nombre masculino singular pierden la última vocal: **bueno, malo, primero, tercero, uno, alguno, ninguno.**
- **Grande** pierde la última sílaba delante de un nombre masculino o femenino singular.

> *¿Tienes **algún** mensaje para la habitación 205?* Unidad 5.
> *El puesto requiere una **gran** experiencia.* Unidad 3.

COMPARATIVOS

- De superioridad: **más... que**
- De inferioridad: **menos... que**
- De igualdad: **tan** + adjetivo + **como**
  tanto, a, os, as + nombre + **como**

> *El hotel Princesa Sofía está **más** cerca **que** el hotel Hilton.* Unidad 5.
> *El hotel Rius es **menos** ruidoso que el hotel Jota.* Unidad 5.
> *Los hoteles de Madrid son **tan** caros **como** los hoteles de Barcelona.* Unidad 5.

MUY # MUCHO

muy + adjetivo
muy + adverbio

mucho, a, os, as + nombre
verbo + mucho

> *Los Paradores Nacionales tiene **muchos** salones **muy** grandes y **muy** bien equipados.* Unidad 5.

PRESENTE DE INDICATIVO

Verbos regulares

	-AR	-ER	-IR
	Hablar	**Comer**	**Vivir**
Yo	habl**o**	com**o**	viv**o**
Tú	habl**as**	com**es**	viv**es**
Él/ella/ usted	habl**a**	com**e**	viv**e**
Nosotros/as	habl**amos**	com**emos**	viv**imos**
Vosotros/as	habl**áis**	com**éis**	viv**ís**
Ellos /ellas/ ustedes	habl**an**	com**en**	viv**en**

Conjugación

Los verbos se clasifican en tres grupos según la terminación de los infinitivos: **-ar, -er, -ir.**

Verbos propios

Hay algunos verbos con una irregularidad propia en el presente de indicativo, por ejemplo, **dar, decir, caber, caer, decir, hacer, ir, oír, poder, poner, querer, saber, salir, ser, tener, traer, venir, ver** y **valer.**
(Ver lista completa en el cuadro final).
El verbo **suponer** se conjuga como **poner.**

Verbos en grupo

Existen grupos de verbos con el mismo tipo de irregularidad en el presente de indicativo:

1. **cerrar(ie): cierro, cierras, cierra,** cerramos, cerráis, **cierran.**
   Siguen esta irregularidad: **empezar, pensar, recomendar,** etc.

2. **recordar(ue): recuerdo, recuerdas, recuerda,** recordamos, recordáis, **recuerdan.**
   Siguen esta irregularidad: **almorzar, costar, contar,** etc.

3. **preferir(ie): prefiero, prefieres, prefiere,** preferimos, preferís, **prefieren.**
   Siguen esta irregularidad: **referirse, invertir, requerir,** etc.

4. **repetir(i): repito, repites, repite,** repetimos, repetís, **repiten.**
   Siguen esta irregularidad: **elegir, conseguir, pedir, seguir,** etc.

5. **conocer(zc): conozco,** conoces, conoce, conocemos, conocéis, conocen.
   Siguen esta irregularidad: **desconocer, ofrecer, crecer,** etc.

6. **distribuir(y): distribuyo, distribuyes, distribuye,** distribuimos, distribuís, **distribuyen.**
   Siguen esta irregularidad: **intuir, destruir, construir,** etc.
   (Ver lista completa en el cuadro final)

Usos

Expresa una acción habitual realizada en la actualidad o presenta situaciones como una verdad general.

> Mi jefa **trabaja** todo el día, **habla** con los empleados, **come** con sus colaboradores, etc. Unidad 3.
> **Desconozco** muchas funciones del ordenador. Unidad 6.

Verbos reflexivos

Yo	**me**	llamo
Tú	**te**	llamas
Él/ella/usted	**se**	llama
Nosotros/as	**nos**	llamamos
Vosotros/as	**os**	llamáis
Ellos/ellas/ustedes	**se**	llaman

> ¿Cómo **te llamas?** Unidad 1.
> **Me llamo** Ignacio Carro Losantos. Unidad 1.
> **Me reúno** pasado mañana con el señor Garzón. Unidad 4.

CONSTRUCCIONES VERBALES PARTICULARES: GUSTAR

Presente de indicativo

A mí	me	gusta(n)
A ti	te	gusta(n)
A él/ella/usted	le	gusta(n)
A nosotros/as	nos	gusta(n)
A vosotros/as	os	gusta(n)
A ellos/ellas/ustedes	les	gusta(n)

Pronombre de objeto indirecto + **gusta** + verbo en infinitivo
Pronombre de objeto indirecto + **gusta** + nombre en singular
Pronombre de objeto indirecto + **gustan** + nombre en plural

*Me **gusta** jugar al tenis.*

*Le **gustan** los hoteles confortables.*

Otros verbos que se conjugan igual: **parecer, encantar, fascinar, ir bien/mal, caer bien/mal, doler, hacer falta, sorprender, etc.**

▶ *¿**Te gusta** ver la TV?*
▷ *Sí, **me gusta** mucho.* Unidad 5.

*A los ejecutivos franceses **les gusta** hacer turismo.* Unidad 5.
*A **mí me parece** que mostrarse distante puede mantenernos en una posición de autoridad.* Unidad 6.

TAMBIÉN # TAMPOCO

También se usa en contexto afirmativo.
Se utiliza para mostrar conformidad con lo expuesto por el interlocutor.

▶ *Me gusta mucho ver la televisión por la noche.*
▷ *A mí **también**.* Unidad 5.

Tampoco se usa en contexto negativo.
Se utiliza para mostrar conformidad con lo expuesto por el interlocutor.

▶ *No me gusta cuidar el jardín.*
▷ *A mí **tampoco**.* Unidad 5.

TENER / TENER QUE

Presente de indicativo

Yo	**tengo**
Tú	**tienes**
Él/ella/usted	**tiene**
Nosotros/as	tenemos
Vosotros/as	tenéis
Ellos/ellas/ustedes	**tienen**

***Tiene** gran experiencia.* Unidad 3.
*Sólo **tiene** tiempo para el trabajo.* Unidad 3.
*¿A quién **tengo que** enviar el paquete?* Unidad 4.

HACER

Presente de indicativo

Yo	**hago**
Tú	haces
Él/ella/usted	hace
Nosotros/as	hacemos
Vosotros/as	hacéis
Ellos/ellas/ustedes	hacen

*¿Qué **hace** usted el jueves?* Unidad 4.
***Hago** gimnasia.* Unidad 5.

QUERER

Presente de indicativo

Yo	**quiero**
Tú	**quieres**
Él/ella/usted	**quiere**
Nosotros/as	queremos
Vosotros/as	queréis
Ellos/ellas/ustedes	**quieren**

En el presente de indicativo comparte la misma irregularidad que el grupo de verbos como **cerrar**.

***Quieren** concertar una cita.* Unidad 2.
***Quiere** cambiar dinero.* Unidad 5.

PODER

Presente de indicativo

Yo	**puedo**
Tú	**puedes**
Él/ella/usted	**puede**
Nosotros/as	podemos
Vosotros/as	podéis
Ellos/ellas/ustedes	**pueden**

En el presente de indicativo comparte la misma irregularidad que el grupo de verbos como **recordar**.
***¿Puede** decirme dónde está la sala de reuniones?* Unidad 5.

Grupo de verbos irregulares E { IE
CERRAR (IE)

Presente de indicativo

Yo	**cierro**
Tú	**cierras**
Él/ella/usted	**cierra**
Nosotros/as	cerramos
Vosotros/as	cerráis
Ellos/ellas/ustedes	**cierran**

Se conjugan como **cerrar** los verbos: **empezar, pensar, recomendar,** etc.

Correos **cierra** a mediodía. Unidad 4.
¿A qué hora **empiezas** a trabajar? Unidad 4.
"Lo primero es lo primero" **piensa** Jorge Martínez. Unidad 3.
Los monumentos que **recomiendo** visitar son... Unidad 5.

Grupo de verbos irregulares E { IE
PREFERIR (IE)

Presente de indicativo

Yo	**prefiero**
Tú	**prefieres**
Él/ella/usted	**prefiere**
Nosotros/as	preferimos
Vosotros/as	preferís
Ellos/ellas/ustedes	**prefieren**

Se conjugan como **preferir** los verbos: **requerir, referirse, invertir,** etc.

Para realizar negocios los ejecutivos españoles **prefieren** Francia y Gran Bretaña. Unidad 4.
El puesto **requiere** experiencia. Unidad 3.
¿Te **refieres** al artículo del periódico? Unidad 6.
También **invierto** lo que gano. Unidad 6.

Grupo de verbos irregulares E { I
REPETIR (I)

Presente de indicativo

Yo	**repito**
Tú	**repites**
Él/ella/usted	**repite**
Nosotros/as	repetimos
Vosotros/as	repetís
Ellos/ellas/ustedes	**repiten**

Se conjugan como **repetir** los verbos: **elegir, conseguir, pedir, seguir,** etc.

Jorge Martínez **repite** a su familia, a sus amigos y a él mismo que "lo primero es lo primero". Unidad 3.
Los turistas que **eligen** visitar España realizan un gasto medio de 322 euros. Unidad 5.
Consigue el ascenso. Unidad 6.

Grupo de verbos irregulares C { ZC
CONOCER (ZC)

Presente de indicativo

Yo	**conozco**
Tú	conoces
Él/ella/usted	conoce
Nosotros/as	conocemos
Vosotros/as	conocéis
Ellos/ellas/ustedes	conocen

Se conjugan como **conocer** los verbos: **desconocer, ofrecer, crecer,** etc.

Conozco a muchos empresarios que han fracasado. Unidad 6.
Desconozco algunos programas de ordenador. Unidad 6.

Grupo de verbos irregulares O { UE
RECORDAR (UE)

Presente de indicativo

Yo	**recuerdo**
Tú	**recuerdas**
Él/ella/usted	**recuerda**
Nosotros/as	recordamos
Vosotros/as	recordáis
Ellos/ellas/ustedes	**recuerdan**

Se conjugan como **recordar** los verbos: **almorzar, costar, contar, probar,** etc.

¿**Recuerdas** que mi apellido se escribe con zeta? Unidad 4.
Él **almuerza** con la señora Fuentes. Unidad 4.
¿Cuánto **cuesta** una sesión? Unidad 4.

Grupo de verbos irregulares I { Y
DISTRIBUIR (Y)

Presente de indicativo

Yo	**distribuyo**
Tú	**distribuyes**
Él/ella/usted	**distribuye**
Nosotros/as	distribuimos
Vosotros/as	distribuís
Ellos/ellas/ustedes	**distribuyen**

Se conjugan como **distribuir** los verbos: **intuir, destruir, construir,** etc. **(Todos los verbos acabados en** uir**)**

IMPERATIVO

Verbos regulares

	-AR **Hablar**	-ER **Comer**	-IR **Vivir**
Tú	habl**a**	com**e**	viv**e**
Usted	habl**e**	com**a**	viv**a**

Conjugación
Los verbos se clasifican en tres grupos según la terminación de los infinitivos: **-ar, -er, -ir.**

Imperativos irregulares
Verbos propios:

decir { **di, diga**		salir { **sal, salga**
hacer { **haz, haga**		ser { **sé, sea**
ir { **ve, vaya**		tener { **ten, tenga**
poner { **pon, ponga**		venir { **ven , venga**

(Ver lista completa en el cuadro final)

Verbos en grupo:

cerrar { **cierra, cierre.** Siguen esta irregularidad: **empezar, pensar, recomendar,** etc.
recordar { **recuerda, recuerde.** Siguen esta irregularidad: **almorzar, costar, contar,** etc.
preferir { **prefiere, prefiera.** Siguen esta irregularidad: **referirse, invertir, requerir,** etc.
repetir { **repite, repita.** Siguen esta irregularidad: **elegir, conseguir, pedir, seguir,** etc.
conocer { **conoce, conozca.** Siguen esta irregularidad: **desconocer, ofrecer, crecer,** etc.
distribuir { **distribuye, distribuya.** Siguen esta irregularidad: **intuir, destruir, construir,** etc.

(Ver lista completa en el cuadro final)

Usos
Se utiliza para expresar órdenes, conceder permiso, invitar a hacer algo o llamar la atención.
Cuando el imperativo afirmativo va acompañado de pronombres personales, éstos se colocan detrás del verbo unido a él.

Pase, pase. Unidad 5.
Dígame. Unidad 5.
Siéntese, por favor. Unidad 5.
Fíjate en el éxito obtenido por Juan Quesada. Unidad 6.

PRETÉRITO PERFECTO

Se forma con el auxiliar **haber** y el **participio del verbo**.

Terminaciones regulares

	-AR	-ER	-IR
	Hablar	**Comer**	**Vivir**
Yo	he habl**ado**	he com**ido**	he viv**ido**
Tú	has habl**ado**	has com**ido**	has viv**ido**
Él/ella/ usted	ha habl**ado**	ha com**ido**	ha viv**ido**
Nosotros/as	hemos habl**ado**	hemos com**ido**	hemos viv**ido**
Vosotros/as	habéis habl**ado**	habéis com**ido**	habéis viv**ido**
Ellos /ellas/ ustedes	han habl**ado**	han com**ido**	han viv**ido**

Conjugación
Los verbos se clasifican en tres grupos según la terminación de los infinitivos: **-ar, -er, -ir.**

Participios irregulares

abrir { ***abierto***		poner { ***puesto***	
decir { ***dicho***		romper { ***roto***	
escribir { ***escrito***		ver { ***visto***	
hacer { ***hecho***		volver { ***vuelto***	

Usos
Se utiliza para hablar de hechos terminados dentro de un tiempo no terminado.
Algunos marcadores que nos indican el uso de este tiempo son: esta mañana, esta semana, este año, hasta ahora, hoy, últimamente, todavía no, ya, etc.

> Últimamente ***ha invertido*** mucho dinero en acciones de CELO. Unidad 6.
> ¿***Ha visitado*** ya una empresa japonesa? Unidad 6.
> ***Ha escrito*** un pésimo informe. Unidad 6.

PRETÉRITO INDEFINIDO

Terminaciones regulares

	-AR	-ER	-IR
	Hablar	**Comer**	**Vivir**
Yo	habl**é**	com**í**	viv**í**
Tú	habl**aste**	com**iste**	viv**iste**
Él/ella/ usted	habl**ó**	com**ió**	viv**ió**
Nosotros/as	habl**amos**	com**imos**	viv**imos**
Vosotros/as	habl**asteis**	com**isteis**	viv**isteis**
Ellos /ellas/ ustedes	habl**aron**	com**ieron**	viv**ieron**

Conjugación
Los verbos se clasifican en tres grupos según la terminación de los infinitivos: **-ar, -er, -ir.**

Verbos propios

Hay algunos verbos con una irregularidad propia: **andar, dar, decir, caber, caer, decir, hacer, ir, oír, poder, poner, querer, saber, ser, tener, traer** y **venir.**
(Ver lista completa en el cuadro final)

El verbo **suponer** se conjuga como **poner.**

Verbos en grupo

Existen grupos de verbos con el mismo tipo de irregularidad:

1. **preferir (i)** preferí, preferiste, **prefirió**, preferimos, preferiste, **prefirieron**.
   Siguen esta irregularidad: **referirse, invertir, requerir,** etc.

2. **repetir(i):** repetí, repetiste, **repitió**, repetimos, repetisteis, **repitieron.**
   Siguen esta irregularidad: **elegir, conseguir, pedir, seguir,** etc.

3. **distribuir(y):** distribuí, distribuiste, **distribuyó**, distribuimos, distribuisteis, distribuyeron.
   Siguen esta irregularidad: **intuir, destruir, construir,** etc.

(Ver lista completa en el cuadro final)

Usos

Lo utilizamos para hablar de una acción terminada en un tiempo también terminado.

Algunos marcadores que nos indican el uso de este tiempo son: ayer, anteayer, la semana pasada, el año pasado, en 1999 etc.

> En 1952 **nació** Campofrío de la mano de José Luis Ballvé. Unidad 7.
> Ayer **firmé** un contrato con la Administración Pública. Unidad 7.
> Su fundador **intuyó** el filón comercial. Unidad 7.
> **Distribuyó** sus productos a México y otros países. Unidad 7.

PRETÉRITO IMPERFECTO

Terminaciones regulares

	-AR Hablar	-ER Comer	-IR Vivir
Yo	habl**aba**	com**ía**	viv**ía**
Tú	habl**abas**	com**ías**	viv**ías**
Él/ella/ usted	habl**aba**	com**ía**	viv**ía**
Nosotros/as	habl**ábamos**	com**íamos**	viv**íamos**
Vosotros/as	habl**abais**	com**íais**	viv**íais**
Ellos /ellas/ ustedes	habl**aban**	com**ían**	viv**ían**

Conjugación

Los verbos se clasifican en tres grupos según la terminación de los infinitivos: **-ar, -er, -ir.**

Imperfectos irregulares:

ser: **era, eras, era, éramos, erais, eran**.
ir: **iba, ibas, iba, íbamos, ibais, iban**.
ver: **veía, veías, veía, veíamos, veíais, veían.**

Usos

Para describir situaciones o costumbres en el pasado.

> ▶ ¿Y cuáles **eran** sus funciones?
> ▷ **Tenía** que llevar las nóminas de toda la empresa, **entrevistaba** a los nuevos candidatos, etc. Unidad 8.
>
> En el siglo XIX no **existían** los grandes almacenes. Unidad 8.

CONTRASTE ENTRE PRETÉRITO INDEFINIDO Y PRETÉRITO PERFECTO

> Usted nos **mandó** un CV para el puesto y ha sido seleccionado. Unidad 8.
> **Mandé** el curriculum hace 4 semanas y todavía no me han contestado. Unidad 8.

CONTRASTE ENTRE PRETÉRITO INDEFINIDO Y PRETÉRITO IMPERFECTO

> En el siglo XIX no existían las tiendas de moda, pero Felipe García- Quirós **puso en marcha** un nuevo negocio que **fue** el germen de Cortefiel. Unidad 8.

PRONOMBRES PERSONALES

Pronombres en función de objeto directo

me (1ª persona singular)
te (2ª persona singular)
lo (3ª persona singular) (para personas o cosas en masculino singular)
le (3º persona singular) (para personas en masculino singular)
la (3º persona singular) (personas o cosas en femenino singular)
nos (1ª persona plural)
os (2ª persona plural)
los (3ª persona plural) (para personas o cosas en masculino plural)
les (3ª persona plural) (para personas en masculino plural)
las (3ª persona plural) (para personas o cosas en femenino plural)

> ▶ ¿Has consultado tus dudas?
> ▷ Sí, **las** he consultado. Unidad 6.

Pronombres en función de objeto indirecto

me (1ª persona plural)
te (2ª persona plural)
le (3º persona plural) (para personas o cosas en masculino o femenino singular)
nos (1ª persona plural)
os (2ª persona plural)
les (3ª persona plural) (para personas o cosas en masculino o femenino singular)

> Nuestra mutua **les** ofrece los mejores planes médicos. Unidad 7.

ORDEN DE LOS PRONOMBRES EN LA FRASE

El pronombre en función de objeto indirecto precede al pronombre de objeto directo.

> ¿Quién **se lo** cuenta a Ricardo? Unidad 7.

COLOCACIÓN DE LOS PRONOMBRES EN RELACIÓN CON EL VERBO

Normalmente los pronombres van situados antes del verbo, pero cuando es un **infinitivo, gerundio o imperativo afirmativo** los pronombres van después. En ese caso los pronombres se unen al verbo.

> **Dígame.** Unidad 5.
> **Permítame.** Unidad 5.

PREPOSICIONES

Algunos usos de las preposiciones más utilizadas

A
- para indicar la hora
- con un verbo de movimiento expresa dirección
- delante del complemento directo de persona
- delante de complemento indirecto

> Los bancos abren **a** las ocho y media de la mañana. Unidad 3.
> Mañana tengo que ir **a** Barcelona. Unidad 4.
> Controla **a** sus empleados. Unidad 3.
> Nuestra mutua ofrece **a** las empresas los mejores planes médicos. Unidad 7.

DE
- indica origen
- expresa posesión

> Soy **de** Madrid. Unidad 1.
> El despacho **de** nuestro abogado está en la plaza Cataluña. Unidad 2.

EN
- indica la estancia en un lugar

> Vive **en** el centro de la ciudad. Unidad 3.

PARA
- indica la finalidad o el destino de algo

> Tiene programas **para** conocer los horarios de salidas de los vuelos. Unidad 2.

POR
- expresa periodos del día
- indica el medio de transporte de una mercancía
- indica la causa o el motivo

> **Por** la mañana reviso los pedidos de los clientes. Unidad 4.
> Envía este paquete **por** Postal Expres. Unidad 4.
> Los Paradores Nacionales son perfectos para hacer reuniones **por** su tranquilidad. Unidad 5.

VERBOS CON PREPOSICIÓN

Aquí aparecen algunos de los verbos que exigen una determinada preposición.

- **adaptarse a**
- **centrarse en**
- **convertirse en**
- **darse cuenta de**
- **dedicarse a**
- **encargarse de**
- **encontrarse con**
- **ocuparse de**
- **prescindir de**
- **quejarse de**

*Ha tenido problemas para **adaptarse al** estilo de gestión.* Unidad 6.

*No consigue **centrarse en** sus nuevas tareas.* Unidad 6.

*La historia del buen mecánico que asciende y **se convierte en** un pésimo jefe de taller es muy conocida.* Unidad 6.

*También **me he dado cuenta de** que mis conocimientos de informática no son suficientes.* Unidad 6.

*Uno de los periodistas que **se ha dedicado a** ese tema ha recogido varios testimonios personales.* Unidad 6.

*Si quieres **me encargo de** transmitirles la agenda para el viernes.* Unidad 4.

*Muchos directores **se han encontrado con** problemas.* Unidad 6.

*Sólo **me ocupo de** pasar los informes.* Unidad 4.

*Los ejecutivos españoles consideran la posibilidad de **prescindir de** los viajes de negocios.* Unidad 5.

***Se quejan del** estrés de los viajes.* Unidad 5.

PERÍFRASES VERBALES

Perífrases verbales de infinitivo

- **acabar de** + infinitivo. Indica una acción realizada hace muy poco tiempo.
- **deber** + infinitivo. Expresa obligación.
- **dejar de** + infinitivo. Abandonar una actividad que se estaba realizando hasta ese momento.
- **ir a** + infinitivo. Expresa la idea de futuro inmediato.
- **tener que** + infinitivo. Expresa obligación.

***Acaba de pagar** la cuenta del hotel.* Unidad 5.

***Debe diseñar** un buen plan de trabajo.* Unidad 8.

***He dejado de trabajar** en Lores.* Unidad 6.

***Va a coger** un taxi.* Unidad 5.

*Mañana **tengo que ir** a Barcelona.* Unidad 4.

Perífrases verbales de gerundio

- **estar** + gerundio. Expresa una acción que dura en el momento presente.
- **llevar** + gerundio. Indica que la acción se está realizando desde hace un periodo de tiempo.
- **seguir** + gerundio. Expresa la continuidad de la acción.

*El Corte Inglés **está potenciando** sus agencias de viaje.* Unidad 3.

***Llevo trabajando** sólo cuatro meses en mi nuevo puesto.* Unidad 6.

***Sigo trabajando** en Lores.* Unidad 6.

VERBOS REGULARES

	Presente	Perfecto	Indefinido	Imperfecto	Imperativo
hablar	hablo	he hablado	hablé	hablaba	
	hablas	has hablado	hablaste	hablabas	habla
	habla	ha hablado	habló	hablaba	hable
	hablamos	hemos hablado	hablamos	hablábamos	hablemos
	habláis	habéis hablado	hablasteis	hablabais	hablad
	hablan	han hablado	hablaron	hablaban	hablen
comer	como	he comido	comí	comía	
	comes	has comido	comiste	comías	come
	come	ha comido	comió	comía	coma
	comemos	hemos comido	comimos	comíamos	comamos
	coméis	habéis comido	comisteis	comíais	comed
	comen	han comido	comieron	comían	coman
vivir	vivo	he vivido	viví	vivía	
	vives	has vivido	viviste	vivías	vive
	vive	ha vivido	vivió	vivía	viva
	vivimos	hemos vivido	vivimos	vivíamos	vivamos
	vivís	habéis vivido	vivisteis	vivíais	vivid
	viven	han vivido	vivieron	vivían	vivan

IRREGULARES PROPIOS

	Presente	Perfecto	Indefinido	Imperfecto	Imperativo
andar	ando	he andado	**anduve**	andaba	
	andas	has andado	**anduviste**	andaba	anda
	anda	ha andado	**anduvo**	andaba	ande
	andamos	hemos andado	**anduvimos**	andábamos	andemos
	andáis	habéis andado	**anduvisteis**	andabais	andad
	andan	han andado	**anduvieron**	andaban	anden
dar	**doy**	he dado	**di**	daba	
	das	has dado	**diste**	dabas	da
	da	ha dado	**dio**	daba	dé
	damos	hemos dado	**dimos**	dábamos	demos
	dais	habéis dado	**disteis**	dabais	dad
	dan	han dado	**dieron**	daban	den
decir	**digo**	he dicho	**dije**	decía	
	dices	has dicho	**dijiste**	decías	**di**
	dice	ha dicho	**dijo**	decía	**diga**
	decimos	hemos dicho	**dijimos**	decíamos	**digamos**
	decís	habéis dicho	**dijisteis**	decíais	decid
	dicen	han dicho	**dijeron**	decían	**digan**
caber	**quepo**	he cabido	**cupe**	cabía	
	cabes	has cabido	**cupiste**	cabías	cabe
	cabe	ha cabido	**cupo**	cabía	**quepa**
	cabemos	hemos cabido	**cupimos**	cabíamos	**quepamos**
	cabéis	habéis cabido	**cupisteis**	cabíais	cabed
	caben	han cabido	**cupieron**	cabían	**quepan**

Apéndice gramatical

	Presente	Perfecto	Indefinido	Imperfecto	Imperativo
caer	**caigo**	he caído	caí	caía	
	caes	has caído	caíste	caías	cae
	cae	ha caído	**cayó**	caía	**caiga**
	caemos	hemos caído	caímos	caíamos	**caigamos**
	caéis	habéis caído	caísteis	caíais	caed
	caen	han caído	**cayeron**	caían	**caigan**
estar	**estoy**	he estado	**estuve**	estaba	
	estás	has estado	**estuviste**	estabas	está
	está	ha estado	**estuvo**	estaba	esté
	estamos	hemos estado	**estuvimos**	estábamos	estemos
	estáis	habéis estado	**estuvisteis**	estabais	estad
	están	han estado	**estuvieron**	estaban	estén
hacer	**hago**	he **hecho**	**hice**	hacía	
	haces	has **hecho**	**hiciste**	hacías	**haz**
	hace	ha **hecho**	**hizo**	hacía	**haga**
	hacemos	hemos **hecho**	**hicimos**	hacíamos	**hagamos**
	hacéis	habéis **hecho**	**hicisteis**	hacíais	haced
	hacen	han **hecho**	**hicieron**	hacían	**hagan**
ir	**voy**	he ido	**fui**	**iba**	
	vas	has ido	**fuiste**	**ibas**	**ve**
	va	ha ido	**fue**	**iba**	**vaya**
	vamos	hemos ido	**fuimos**	**íbamos**	**vayamos**
	vais	habéis ido	**fuisteis**	**ibais**	id
	van	han ido	**fueron**	**iban**	**vayan**
oír	**oigo**	he oído	oí	oía	
	oyes	has oído	oíste	oías	**oye**
	oye	ha oído	**oyó**	oía	**oiga**
	oímos	hemos oído	oímos	oíamos	**oigamos**
	oís	habéis oído	oísteis	oíais	oíd
	oyen	han oído	**oyeron**	oían	**oigan**
poder	**puedo**	he podido	**pude**	podía	
	puedes	has podido	**pudiste**	podías	**puede**
	puede	ha podido	**pudo**	podía	**pueda**
	podemos	hemos podido	**pudimos**	podíamos	podamos
	podéis	habéis podido	**pudisteis**	podíais	poded
	pueden	han podido	**pudieron**	podían	**puedan**
poner	**pongo**	he **puesto**	**puse**	ponía	
	pones	has **puesto**	**pusiste**	ponías	**pon**
	pone	ha **puesto**	**puso**	ponía	**ponga**
	ponemos	hemos **puesto**	**pusimos**	poníamos	**pongamos**
	ponéis	habéis **puesto**	**pusisteis**	poníais	poned
	ponen	han **puesto**	**pusieron**	ponían	**pongan**
querer	**quiero**	he querido	**quise**	quería	
	quieres	has querido	**quisiste**	querías	**quiere**
	quiere	ha querido	**quiso**	quería	**quiera**
	queremos	hemos querido	**quisimos**	queríamos	queramos
	queréis	habéis querido	**quisisteis**	queríais	quered
	quieren	han querido	**quisieron**	querían	**quieran**

Apéndice gramatical

	Presente	Perfecto	Indefinido	Imperfecto	Imperativo
saber	**sé**	he sabido	**supe**	sabía	
	sabes	has sabido	**supiste**	sabías	sabe
	sabe	ha sabido	**supo**	sabía	**sepa**
	sabemos	hemos sabido	**supimos**	sabíamos	**sepamos**
	sabéis	habéis sabido	**supisteis**	sabíais	sabed
	saben	han sabido	**supieron**	sabían	**sepan**
salir	**salgo**	he salido	salí	salía	
	sales	has salido	saliste	salías	**sal**
	sale	ha salido	salió	salía	**salga**
	salimos	hemos salido	salimos	salíamos	**salgamos**
	salís	habéis salido	salisteis	salíais	salid
	salen	han salido	salieron	salían	**salgan**
ser	**soy**	he sido	**fui**	**era**	
	eres	has sido	**fuiste**	**eras**	**sé**
	es	ha sido	**fue**	**era**	**sea**
	somos	hemos sido	**fuimos**	**éramos**	**seamos**
	sois	habéis sido	**fuisteis**	**erais**	sed
	son	han sido	**fueron**	**eran**	**sean**
tener	**tengo**	he tenido	**tuve**	tenía	
	tienes	has tenido	**tuviste**	tenías	**ten**
	tiene	ha tenido	**tuvo**	tenía	**tenga**
	tenemos	hemos tenido	**tuvimos**	teníamos	**tengamos**
	tenéis	habéis tenido	**tuvisteis**	teníais	tened
	tienen	han tenido	**tuvieron**	tenían	**tengan**
traer	**traigo**	he traído	**traje**	traía	
	traes	has traído	**trajiste**	traías	**trae**
	trae	ha traído	**trajo**	traía	**traiga**
	traemos	hemos traído	**trajimos**	traíamos	**traigamos**
	traéis	habéis traído	**trajisteis**	traíais	traed
	traen	han traído	**trajeron**	traían	**traigan**
valer	**valgo**	he valido	valí	valía	
	vales	has valido	valiste	valías	vale
	vale	ha valido	valió	valía	**valga**
	valemos	hemos valido	valimos	valíamos	**valgamos**
	valéis	habéis valido	valisteis	valíais	valed
	valen	han valido	valieron	valían	**valgan**
venir	**vengo**	he venido	**vine**	venía	
	vienes	has venido	**viniste**	venías	**ven**
	viene	ha venido	**vino**	venía	**venga**
	venimos	hemos venido	**vinimos**	veníamos	**vengamos**
	venís	habéis venido	**vinisteis**	veníais	venid
	vienen	han venido	**vinieron**	venían	**vengan**
ver	**veo**	he **visto**	vi	**veía**	
	ves	has **visto**	viste	**veías**	ve
	ve	ha **visto**	vio	**veía**	**vea**
	vemos	hemos **visto**	vimos	**veíamos**	**veamos**
	veis	habéis **visto**	visteis	**veíais**	ved
	ven	han **visto**	vieron	**veían**	**vean**

Apéndice gramatical

IRREGULARES EN GRUPO

	Presente	Perfecto	Indefinido	Imperfecto	Imperativo
cerrar (ie)	**cierro**	he cerrado	cerré	cerraba	
	cierras	has cerrado	cerraste	cerrabas	**cierra**
	cierra	ha cerrado	cerró	cerraba	**cierre**
	cerramos	hemos cerrado	cerramos	cerrábamos	cerremos
	cerráis	habéis cerrado	cerrasteis	cerrabais	cerrad
	cierran	han cerrado	cerraron	cerraban	**cierren**
recordar (ue)	**recuerdo**	he recordado	recordé	recordaba	
	recuerdas	has recordado	recordaste	recordabas	**recuerda**
	recuerda	ha recordado	recordó	recordaba	**recuerde**
	recordamos	hemos recordado	recordamos	recordábamos	recordemos
	recordáis	habéis recordado	recordasteis	recordabais	recordad
	recuerdan	han recordado	recordaron	recordaban	**recuerden**
preferir (ie)(i)	**prefiero**	he preferido	preferí	prefería	
	prefieres	has preferido	preferiste	preferías	**prefiere**
	prefiere	ha preferido	**prefirió**	prefería	**prefiera**
	preferimos	hemos preferido	preferimos	preferíamos	**prefiramos**
	preferís	habéis preferido	preferisteis	preferíais	preferid
	prefieren	han preferido	**prefirieron**	preferían	**prefieran**
repetir (i)	**repito**	he repetido	repetí	repetía	
	repites	has repetido	repetiste	repetías	**repite**
	repite	ha repetido	repitió	repetía	**repita**
	repetimos	hemos repetido	repetimos	repetíamos	**repitamos**
	repetís	habéis repetido	repetisteis	repetíais	repetid
	repiten	han repetido	**repitieron**	repetían	**repitan**
conocer (zc)	**conozco**	he conocido	conocí	conocía	
	conoces	has conocido	conociste	conocías	conoce
	conoce	ha conocido	conoció	conocía	**conozca**
	conocemos	hemosconocido	conocimos	conocíamos	**conozcamos**
	conocéis	habéis conocido	conocisteis	conocíais	conoced
	conocen	han conocido	conocieron	conocían	**conozcan**
distribuir (y)	**distribuyo**	he distribuido	distribuí	distribuía	
	distribuyes	has distribuido	distribuiste	distribuías	**distribuye**
	distribuye	ha distribuido	**distribuyó**	distribuía	**distribuya**
	distribuímos	hemos distribuido	distribuimos	distribuíamos	**distribuyamos**
	distribuís	habéis distribuido	distribuisteis	distribuíais	distribuid
	distribuyen	han distribuido	**distribuyeron**	distribuían	**distribuyan**